강릉단오제보존회 연구총서 01

강릉단오굿 양중연구

강릉단오제보존회 연구총서 01

강릉단오굿
양중연구

발간사

2015년은 강릉단오제가 '국가 중요무형문화재 제13호'로 지정된 지 48년이 되는 해입니다. 그리고 강릉단오제가 2005년 유네스코 '인류 구전 및 무형유산 걸작(인류무형문화유산)'으로 등재된 지 10주년이 되는 해이기도 합니다.

강릉단오제는 2006년 문화체육관광부가 선정한 '100대 민족문화상징'으로 선정되기도 하였습니다. 강릉단오제는 축제 부분으로서는 세계 최초의 유네스코 인류무형문화유산입니다. 유네스코는 '인류에게 이런 축제가 남아 있는 것은 기적이다'라고 말하고 있습니다. 작년 1월에 제정된 지역문화진흥법 제정을 계기로 지역별로 특색 있는 고유의 문화를 발전시켜 나가는데 큰 힘이 될 것입니다.

천년의 역사와 신화가 살아 숨쉬는 강릉단오제는 강릉의 무형문화유산이 고스란히 간직되어 있는 생생한 전통축제로서 면면히 이어져 내려오고 있습니다. 이러한 강릉단오제는 제례, 음악, 춤, 노래 등의 다양하고 풍부한 문화 콘텐츠를 지니고 있습니다. 강릉단오제가 중요무형문화재로 지정된 후 50여년의 세월이 흐른 지금에 이르러 보면, 가장 아쉬웠던 것 중에 하나가 바로 강릉단오제 콘텐츠에 대한 체계적인 정립이 이루어지지 않은 것입니다.

강릉단오제의 콘텐츠를 어떻게 보존·전승해 나가고, 그것을 바탕으로 새로운 가치를 창출해 나가는 것이 우리가 직면하고 있고, 또한 앞으로 풀어나가야 할 과제라 할 것입니다.

이를 위한 첫 발걸음으로 보존회는 2013년부터 강릉시 지원을 통해 "강릉단오제 원형콘텐츠 구축사업"을 펼쳐오고 있습니다. 작년에는 단오굿에 반주음악으로 사용되는 "무악巫樂"을 음반으로 제작하였습니다. 그리고 올해에는 무악에 대한 이론적인 정립과 악사들의 이야기를 담은 『강릉단오굿 양중연구』를 발간하게 되었습니다.

본서에서는 우선 강릉단오굿의 무계와 양중, 그리고 그들의 삶을 되돌아보았고, 다음으로 무악의 형식과 구조, 그리고 강릉단오굿 음악의 특징 등에 관하여 논하였습니다.

앞으로 강릉단오굿 "무가巫歌", "무무巫舞" 등을 비롯한 관노가면극, 제례에 관한 다양한 콘텐츠를 체계적으로 정립하여 강릉단오제의 역사적 무형문화유산이 우리 후손들에게 온전히 남겨질 수 있도록 최선을 다하도록 하겠습니다.

마지막으로 『강릉단오굿 양중연구』가 발간될 수 있도록 아낌없는 지원을 해 주신 최명희 강릉시장님, 그리고 본서의 집필에 노고를 아끼지 않으신 황루시 교수님과 이용식 교수님께 깊이 감사드립니다.

2014년 12월
사)강릉단오제보존회장 조규돈

차례

1장
강릉단오굿 양중론

황루시

가톨릭관동대학교 미디어 창작학과 교수

1. 양중 논의의 필요성

강릉단오굿은 강릉단오제를 구성하는 핵심요소이다. 무당들이 대관령국사성황 부부를 모셔 춤과 노래, 신화 구연, 연극 등의 다양한 의례로 대접하는 단오굿이 없다면 과연 강릉단오제가 오늘까지 존속했을까. 조선시대 강릉단오제는 호장이 중심이 되어 이속들이 주관했지만 축제를 향유하는 주체는 민중이었다. 무당굿은 민중들이 가장 오랫동안 신앙하고 삶의 일부로 즐겨온 신성한 놀이였다. 민중들은 무당굿을 통해 신에게 소원을 빌고 일상의 굴레를 벗어나 축제를 즐겼다. 그런 의미에서 강릉단오제 가운데 무당굿의 가치는 폄하되기 어려운 비중을 차지한다.

굿을 하는 사람을 무당이라고 부른다. 무당은 남녀 모두를 통칭하는 용어이다. 그러나 세습무들이 주관해온 강릉단오굿의 경우 같

〈강릉단오제 단오굿〉

은 무당이라고 해도 남자와 여자의 역할은 완전히 다르다. 실제 사제는 여자라고 볼 수 있다. 지모 또는 무당각시라고 부르는 무녀들이 굿에서 춤과 노래로 신을 모시는 사제의 역할을 하는 것이다. 이에 반해 양중[1]이라고 부르는 남무의 역할은 부수적이다. 양중은 지모가 노래를 부르거나 춤을 출 수 있도록 음악을 연주하고 바라지를 하여 신명을 돋운다. 그 외에 굿놀이를 하거나 지화제작, 굿을 맡아오는 매니저로서의 역할이 전통적인 양중의 일이었다.

그런데 최근 양중들이 굿에서 연주하는 무악은 가장 정교한 타악으로 이름을 떨치고 있다. 우리나라뿐 아니라 해외에서도 뛰어난 음악성을 인정받는 추세이다. 강릉단오굿의 무악은 2005년 유네스코 인류구전 및 무형유산 걸작 등재 때에도 좋은 평가를 받은 바 있었다. 그러나 지모에 비해 상대적으로 양중에 대한 사회적 관심도는 낮은 편이다. 아마도 굿을 하는 주체가 무녀이기 때문일 것이다. 그렇지만 굿이라는 의례가 성립하는데 양중의 역할은 지대하다. 또한 세습무의 가계는 대부분 양중을 중심으로 전승되고 있다. 예를 들어 무녀는 신들린 사람이라도 세습무 집안으로 시집와서 굿을 배우면 세습무가 된다. 하지만 양중은 세습무가 출신이 아니면 좀체 인정받을 수 없는 것이다.

갑오개혁 이후 신분제가 철폐되면서 세상이 바뀌었다. 천민이었던 세습무들은 너도 나도 굿을 버리고 다른 직업을 찾았다. 현재 경상도 내륙, 전라북도, 충청도에는 단 한명의 세습무도 남아있지 않다. 그나마 강릉을 비롯하여 고성에서 부산까지 어촌을 중심으로

---

1   양중 외에 지역에 따라 화랭이, 사니라고도 부른다. 양중은 동해안지역에서 세습무가 무부를 지칭하는 용어이다.

활동하는 소위 '동해안무당'들이 세습무의 전통을 이어가는 편이다. 하지만 '동해안무당'도 결국 머지않아 사라질 것이다. 그 가운데에서 무녀보다 더 빨리 소멸할 존재가 바로 세습의 기둥인 양중이다. 시대의 흐름은 거스르기 어렵다. 전통적인 양중의 전승은 기적이 일어나지 않는 한 끊어질 것이다. 그와 함께 세습무가 주관한 강릉단오굿의 전승 역시 단절 내지는 굴절의 위기에 처해 있는 셈이다.

어쩌면 강릉단오굿의 운명은 지금 양중전승에 달려있다고 해도 과언이 아니다. 그러나 정작 양중에 대한 연구는 미흡한 편이다. 동해안무속악의 음악성은 널리 인정받아 학자들의 채록도 어느 정도 이루어진 편이다. 젊은 국악인들 사이에서 동해안무속악은 최근 가장 인기 있는 음악으로 창작의 원천이 되고 있다. 그렇지만 강릉단오굿 무악의 채록은 본격적으로 시도된 적이 없었다. 강릉단오제 유네스코 신청서에 실은 무악악보는 강릉단오굿을 대상으로 한 것이 아니라 일반적인 동해안무악의 악보였다. 뿐만 아니라 양중의 역사적 위치나 전통, 연행내용 등에 대한 연구도 빈약하다. 이 글은 현재 강릉단오굿이 처한 상황에 주목하면서 특히 전승의 맥에 구체적으로 닿아있는 양중의 삶과 예술세계를 조명해보고자 한다. 이를 위해 양중의 역사적 실체를 살펴보고 강릉단오굿을 중심으로 양중의 면모를 다각도로 검토한다. 현재 단오굿을 이끌고 있는 전통적인 양중 김명대를 심도있게 조명하고 그의 제자들을 통해 새로운 양중의 탄생을 예측해보는 일도 강릉단오굿의 전승에 매우 긴요한 일이라고 생각한다. 마지막으로 강릉단오굿의 무악을 살펴 음악성을 고찰하였다.

2. 강릉단오굿의 양중

1) 무속의 역사

무당이나 굿에 관한 기록은 별로 많지 않다. 그런데 그 기록이 탄압에서 시작한다는 것은 무속의 역사에 대해 시사하는 바가 크다. 무당에 대한 구체적인 기록은 이규보(1168~1241년)의 〈노무편老巫篇〉이 처음이다. 이규보는 늙은 무녀가 조정의 음사금지령에 의해 개경에서 쫓겨나게 된 것을 기뻐하면서 장시 한편을 남겼다. 동국이상국집에 실려 있는 〈노무편〉의 내용을 보면 먼저 "동쪽 이웃에 늙은 무당이 살았는데 음란한 노래와 괴상한 말들이 들려 괴로워하던 차에 나라에서 영을 내려 모든 무당들로 하여금 멀리 옮겨가 서울에 인접하지 못하게 하자 이를 기뻐하여 시를 지었다"고 배경을 말하였다. 그리고는 구체적으로 굿하는 모습을 묘사하였다. 글쓴이의 불쾌한 기색이 역력하지만 놀랍게도 이 글은 우리나라에서 굿하는 무당에 대한 최초의 기록이다.

"늙은 무당이 몸을 추켜 펄쩍 뛰면 머리가 들보에 닿는다."

"목구멍 속의 새소리 같은 가는 말로 늦을락 빠를락 두서없이 지껄이다가 천 마디 만 마디 중 요행 하나만 맞으면 어리석은 남녀가 더욱 공경히 받드니…"

"나무 얽어 다섯 자 남짓한 감실을 만들어 입버릇 삼아 스스로 제석천이라 말하지만"

인용한 부분은 신들린 무당의 도무와 공수장면을 표현한 것으로 보인다. 강신무의 특징 가운데 하나가 도무이다. 도무를 통해 접신하는 것이다. 또한 무당이 굿하는 가운데 스스로 신격화되어 인간에게 내리는 말을 공수라고 하는데 이규보는 바로 그 장면을 생생하게 묘사하고 있다. 제석이라는 신을 구체적으로 명시한 것도 흥미롭다. 제석은 지금도 전국적으로 신앙의 대상이 되는 중요한 무신巫神의 하나이기 때문이다. 그런데 이규보가 묘사한 굿이나 무당의 모습은 현재 중부 이북지역의 굿과 크게 다르지 않다. 황해도와 평안도 굿도 비슷하다. 이로서 적어도 12세기 무렵에는 우리나라의 무속현상이 존재했고 굿 또한 체계적으로 전승되었음을 알 수 있다.

그러나 동시에 결코 그냥 지나칠 수 없는 또 하나의 중요한 사실이 있다. 무당에 대한 탄압이 이미 고려 때에 존재했다는 것이다. 고려는 불교국가로 무속과의 관계가 나쁘지 않았다. 실제로 무당들은 불교와의 연대를 위해 노력한 모습을 보여준다. 신들린 무당들은 개인 신당에 무속의 여러 신들뿐 아니라 석가모니불과 보살들을 함께 모시고 있다. 또한 굿을 할 때 불경을 외우고 제석처럼 불교적 색채를 띠는 신도 있다. 그렇지만 중기 이후 고려는 유교를 통치이념으로 삼게 된다. 유교경전에 토대를 둔 과거제도를 만들어 관리를 뽑은 것이 대표적인 일이다. 이규보 또한 유학자였기에 본인의 입장에서 무속을 비판한 것으로 보인다. 이처럼 지배계층에서 소외된 무속은 지속적인 탄압을 받게 되었고, 결국 조선조에 들어와 무당의 신분은 천민으로 하락했다.

일반적으로 우리나라의 무당은 세습무와 강신무로 구분한다. 현재 강릉단오굿의 무당은 세습무를 중심으로 구성되어 있다. 세습무는 집안으로 내려오는 무당으로 강신현상과 무관하게 무당이 된다.

이들은 세습무끼리만 혼인하는 특수혼을 통해 혈통을 유지해왔다. 강신무가 보여주는 신통력은 없으나 대대로 내려오면서 예술성을 연마하여 굿뿐 아니라 판소리, 전통춤, 줄타기, 농악 등 민속예술에서도 독보적인 위치를 차지하게 되었다. 강신무는 신들림의 경험을 통해 무당이 된 사람이다. 굿을 하는 동안 스스로 몸에 신을 강림시켜 영험함을 보여줌으로서 존재감을 부각시킨다. 기량이 당대에 그치기 때문에 예술성은 떨어지는 편이지만 강력한 카리스마를 무기로 지금까지 활발하게 전승되고 있다. 조선조말까지 이 두 종류의 무당은 엄격하게 지역성을 유지하고 있었다. 세습무는 한강이남, 백두대간 동쪽 지역에서 활동했다. 전라도, 충청도, 경기도 남부, 경상도와 강원도 영동지역이 여기에 해당된다. 한편 강신무는 한강이북 백두대간 서쪽 지역으로 서울과 경기북부, 황해도, 평안도, 함경도가 포함된다. 특이하게 제주도에는 강신과 세습이 모두 존재하고 실제 전승은 조상이라고 부르는 무구를 통해 이루어진다. 강릉은 백두대간 동쪽에 있어서 두말할 필요 없이 세습무 지역이다.

강신현상은 뿌리 깊은 우리 문화의 원형으로 전국적으로 존재했다. 하지만 세습무는 단단한 사회조직을 통해 자신의 영역을 유지해왔다. 세습무들이 무당으로 살아갈 수 있게 해준 기반은 바로 당골판이다. 세습무들은 대개 마을을 단위로 한 당골판을 가지고 있었다. 당골판은 세습무들의 생존을 가능케 해주는 기반이었기에 매우 중요했다. 강신한 사람도 배우기만 하면 얼마든지 굿을 할 수 있기 때문이다. 실제로 강신무 지역에서는 몇 살에 신이 내리던, 그때부터 일정기간 선생에게 굿학습을 하여 무당이 된다. 세습무 지역이라고 강신현상이 없을 리 만무하다. 하지만 강신을 했어도 세습무권에 사는 한, 그들은 굿을 배울 수도, 할 수도 없었다. 굿은 세습무만이 할 수 있는 권한이었는데 그것을 가능케 해준 것이 바로 당골판 제도였다. 따라서 제도에 묶여 굿을 할 수 없었던 세습무 지역의 신들린 사람들은 점을 치거나 간단한 푸닥거리를 하는 정도로 명맥을 유지해왔다.

당골판은 대대로 세습무 집안과 일정한 종교적 관계를 맺고 있는 마을을 말한다. 세습무들은 조직적으로 당골판을 관리해왔다. 물론 약화된 모습이지만 지금까지 당골판이 남아있는 진도를 보면, 당골이라고 부르는 세습무가 많게는 수십 개에서 적게는 몇 개 마을을 당골판으로 갖고 있었다. 당골은 당골판에 살고 있는 주민들의 크고 작은 의례를 책임졌고 그 대가로 봄, 가을 도부를 받았다. 봄에는 보리, 가을에는 나락을 받았는데 당골에게 도부를 주는 것은 당골판에 사는 주민들의 의무였다. 조선조에서 무당은 천민으로 땅을 소유할 수 없었기에 도부는 실질적으로 당골의 명줄이었다. 당골판은 세습무들끼리도 엄격하게 관리했다. 만약 다른 무당의 당골판에서 굿을 한 것이 알려지면 경제적 배상은 물론이고 상당한 불이익을 주었다.

세습무가 이처럼 단단하게 그들의 조직을 유지할 수 있었던 또 하나의 구심점으로 신청이 있다. 경기, 충청, 전라도에는 일정 지역마다 신청(또는 재인청이라고 불렀다)이 있었다. 신청에는 세습무부들이 모여 뛰어난 기량으로 한 시대를 풍미했던 조상들의 제사를 모셨다. 또한 이들은 신청에서 악기나 소리를 연마했다. 세습무가의 남자들은 신청에서 판소리와 줄타기, 악기 등을 익혔고 이 가운데서 유명한 판소리광대나 줄광대가 배출되었다. 후대에 오면 여자들도 기예를 익혀 소리꾼이나 기생으로 나갔다. 이처럼 당골판과 신청은 세습무들의 생존을 지켜준 제도였다고 볼 수 있다. 결국 세습무의 위치는 사회적 장치에 의해 존속해왔다. 천민인 무당이 먹고 살 수 있는 길은 굿을 하는 것밖에 없었다. 봄가을로 받은 도부는 다른 말로 동냥이라고 불렀다. 그러나 요즘 사람들은 동냥이라고 하면 거지를 연상한다. 이는 세습무의 신분이 천해지면서 파생된 언어현상이다. 무당에게 봄, 가을로 주는 곡식이 거지에게 적선하는 것과 유사한 상황으로 여겨졌음을 보여주는 것이다.

　　1894년 시작된 갑오개혁으로 신분계급이 철폐되었다. 이후부터 공식적으로 무당은 더 이상 천민이 아니었다. 그렇지만 사람들의 인식은 법을 따라 바뀌는 것이 아니다. 법과 무관하게 여전히 천대당하고 어린 아이들에게도 반말을 들어야했던 세습무들은 결국 무업을 버리고 다른 일을 찾았다. 더 이상 천민의 굴레를 쓰지 않아도 된 세습무들은 다투어 전업했다. 세습무들은 순수하게 학습을 통해 무당이 된 터라 강신무처럼 신과의 정신적인 교감이 별로 없어서 전업이 가능했다. 세습무의 전승은 하루하루 약해졌고, 이제는 돌이키기 어려울 정도로 끊기고 말았다. 물론 사회적 인습만이 세습무 단절의 이유는 아니다. 사회가 서구화되면서 굿의 수요가 줄어든 것도 주 원인 중의 하나이다. 그나마 줄어든 수요도 강신무들이 공략하기 시작했다. 철폐된 법에 상관없이 자신의 직업을 바꿀 수 없었던 강신무들은 조금씩 세습무의 빈자리를 차지하면서 자신들의 영역을 굳혀왔다. 사람들은 눈앞에서 신통력을 보여주는 강신무굿을 선호하게 되었다.

　　최근 우리나라 무당은 강신무가 거의 전역에서 활동하고 있다.

세습무의 숫자가 형편없이 줄어들어 맥을 잇는 것이 불가능하기 때문이다. 충청도와 전라북도, 경상도 내륙은 세습무 전승이 완전히 중단되었다. 경기이남 지역은 불과 서너 명이 명맥을 잇고 있다. 남해안별신굿이라고 부르는 경상도 해안지방의 세습무들 역시 무녀의 전승은 중단된 채 악사가 일반인들을 가르쳐 공연 수준의 굿을 하고 있다. 그나마 진도에는 아직 세습무들이 굿을 하고 있다. 하지만 실제로 진도에 살면서 가장 굿을 많이 하고 있는 진도씻김굿의 전수교육조교 송순단은 강신무 출신이다. 요즘엔 세습무권에서도 전통 있는 마을굿을 제외하고는 독립적으로 굿을 맡는 세습무가 드물어졌다. 이제 몇 남지 않은 세습무들은 강신무가 주관하는 굿에 초빙되어 그들만의 실력을 보여주는 것으로 명맥을 유지하는 경우가 많다.

현재 가장 활발하게 활동하는 세습무권은 바로 동해안지역이다. 강릉단오굿의 무당이 속해있는 소위 동해안무당은 과거 원산부터 부산에 이르기까지 동해안을 끼고 활동하던 세습무들을 말한다. 남북 분단이후 고성에서부터 부산으로 활동영역이 줄었다. 친인척으로 얽혀있는 동해안무당들은 해안을 끼고 어촌에 떨어져 살면서 인근 지역의 당골판을 관리했다. 가족단위로 굿을 하기에 규모가 작은 굿은 자체로 해결할 수 있었다. 그러나 서낭굿이나 별신굿같은 마을단위의 굿을 하려면 대개 열 명이 넘는 무당이 필요하기 때문에 가족만의 힘으로는 불가능했다. 그래서 동해안무당들은 굿이 나면 친분의 정도나 굿의 규모에 따라 일시적으로 모였다가 다시 흩어지곤 하는 독특한 방식으로 세습무의 자리를 지켜왔다.

흔히 동해안무당이라고 하지만 이들은 다시 강원도, 경북, 경남 지역으로 나눌 수 있다. 각기 지역마다 굿의 특징이 있는데 강원도는 강신무의 영향이 많이 남아있다. 경북은 놀이와 의례구성이 치밀하고 경남은 염불을 많이 한다. 특히 경남지역은 굿을 안팎으로 해서 별신굿의 경우 일주일 이상을 하는 곳이 많다. 거기에 비해서 강원도는 2박3일, 경북은 3박4일 내지는 4박5일이 많았다. 강원도의 굿이 가장 소략한 편인데 이는 강신무의 영향과 무관하지 않을 것이다. 세습무에 비해 강신무들의 굿이 비교적 간단하기 때문이다.

2) 양중의 역사

양중은 세습무가의 무부를 일컫는 말의 하나이다. 전국적으로는 화랭이花郎, 사니仙이, 재인才人, 창우唱優, 광대廣大 등과 같이 쓰인다. 하지만 영동지역에서는 특별히 양중이라고 불렸다. 양중이라는 단어는 연산군 때에 이미 등장하여 그 연원이 깊다. 조선왕조실록 연산군 9년(1503년)에 보면 충청, 전라, 경상의 3도에서는 신에게 제사할 때 반드시 남무를 쓰는데 이름을 郎中이라 했다고 기록했다. 또한 중종 때에는 兩中으로 기록되어 있는데 이에 대해 이능화는 兩中은 郎中의 잘못된 것이고 郎中은 花郎의 잘못된 것으로 보았다.[2]

그러나 박경신은 1800년경에 쓴 것으로 추정되는 이옥의 글에서 경남 합천군 삼가면 지역에서 무부를 양중이라고 부른다는 기록을 찾아내었다.[3] 실제로 현재 강릉을 비롯한 강원도, 경상남북도를 낀 소위 동해안 지역의 무부들은 친인척으로 얽혀있는데 이들은 굿

---

2 이능화, 「조선무속고」, 이재곤(역), 백록출판사, 1927, 15~16쪽.

3 박경신, "鳳城文餘에 실린 무가관계 자료의 의의", 「口碑文學硏究」, 제2집, 한국구비문학회, 1995, 274~275쪽.

을 하면서 자신들을 스스로 양중이라고 지칭한다. 하지만 화랭이花郎라는 용어도 같이 쓰이는데 「조선무속의 연구」에 보면 강원도, 울진, 고성에서는 무부를 화랑이라고 부른다고 되어 있다.[4] 이에 관해 경상북도 영해에서 활약했던 양중 고송동숙은 화랭이는 일반인이 부르는 무부의 명칭이고 양중은 자기들끼리 쓰는 용어라고 구분하기도 했다.[5] 현재 화랭이는 세습무가의 남자들을 지칭하는 일반적인 용어로 널리 사용되지만 양중은 동해안 이외의 다른 지역에서는 쓰지 않는다.

세습무권에서 무부巫夫는 중심이 되는 사제라고 보기 어렵다. 신들린 무당들이 남녀의 구분 없이 모두 굿을 하는데 반해 세습무권에서 굿을 하는 주축은 여자들이기 때문이다. 즉 사제로서의 기능을 담당하는 것은 무녀들이고 남자들은 무악연주 등 뒷

국사성황 행차 악사 행렬

4   赤松智城, 秋葉 隆, 「朝鮮巫俗의 研究」 하권, 심우성(역), 동문선, 1991, 41~42쪽.
5   1996년 10월 5일 경북 영해 자택에서 송동숙 인터뷰 내용.

바라지를 해왔던 것이다. 하지만 무녀와 달리 세습무가의 무부들은 굿 현장에만 머무르지 않았다. 무녀와 함께 제의적 기능을 수행한 것 외에 자기들만의 독립적인 세계를 갖고 오랜 세월 우리나라 민속 연희의 주역을 담당해왔던 것이다. 무부들의 활약을 살펴보면 첫째로 대부분 관아의 악공을 겸하고 있었다.[6] 대개의 관청에는 음악을 연주하는 악사를 따로 고용하지 못했다. 그렇지만 관아에 행사가 있을 때면 음악이 빠질 수 없었고 고을원이 밖에 행차를 할 때에도 길군악을 연주하는 악사가 필요했다. 이 역할을 맡은 것이 바로 무부들이었다. 무부들은 다양한 관의 행사에서 음악을 담당하면서 관과 밀접한 관계를 유지해왔다. 이는 '무부들의 생활이 어려우니 환곡 구제를 청한다'는 전라도 장흥 신청의 완문 기록을 통해서도 짐작할 수 있다. 신청은 관아의 음악을 맡기 때문에 장악청이라고도 불렀는데 장흥의 신청완문에는 좌수, 호장, 유리, 호리 등 45명의 관리들의 이름이 있고 행부사의 수결이 있었다.[7] 이처럼 관아가 무부들의 호구지책에 관심을 갖는 것은 서로 이해관계가 있기 때문일 것이고, 무부들이 관아 일에 관여했다는 증거이기도 하다.

또한 세습무가의 무부들은 신청을 중심으로 전국적인 조직을 갖고 있었다. 무부들은 신청을 통해 수많은 민속연희자들을 배출했는데 이들 가운데 우수한 사람들은 중앙에 진출하여 궁중의 나례 공연을 담당하였다. 인조 4년(1626년)의 나례청등록을 보면 당시 나례희에 동원된 재인들 287명중 경기재인 30명, 충청재인 53명, 경상

---

6   김동욱, 「한국가요의 연구」, 을유문화사, 1961, 300쪽.

7   赤松智城, 秋葉 隆, 1938, 274쪽.

재인 33명, 전라재인 171명으로 되어있는데 이들은 바로 세습무가의 무부들인 것이다.[8] 이 기록에 의하면 강원도 출신의 재인은 없다. 그러나 강원도의 재인들 역시 전국적인 조직에 포함되어 있었던 것은 1824년 갑신완문을 통해 알 수 있다.

> 팔도 도령위 임직에 있는 자들이 행방회의를 한 후 각 도의 소임에 다만 한 사람씩만 차정하되 공청도 재인 중 팔도 도산주 겸 도대방, 경기 재인 중 팔도 우산주겸 도집강, 전라도 재인 중 팔도 좌산주 겸 도 집강, 경상도 재인 중 팔도 도공원 겸 본도 대방, 강원도 재인 중 팔도 도공원 겸 본도 대방, 황해도 평안도 함경도는 도당무, 도색장에 각각 본도 대방들의 소임을 갖게 하고자 합니다.[9]

이 기록은 청국사신이 올 때 산대극을 봉행하기 위하여 설치된 각도 재인도청을 총합할 목적으로 갑신년 각도 소임들이 서울에 모여 행방회를 열고 전국적인 규모로 개조한 내용을 담고 있다.[10] 강원도 재인에게도 직책을 맡기고 있는 것을 알 수 있다. 그런데 강원도는 충청(공청), 경기, 전라도에서처럼 산주나 도대방, 집강은 배출하지 못하고 다만 도공원과 본도 대방의 소임만을 맡았다. 즉 충청도나 경기도, 전라도에 비해 중앙에서의 활동성이 좀 떨어진 것을 짐작할 수 있다. 하지만 강원도는 황해도, 평안도, 함경도와 달리 무당

---

8   손태도, "광대의 가창문화", 집문당, 2003, 82쪽.
9   위의책, 84쪽.
10   김동욱, 앞의책, 302쪽.

이 아니라 재인이 소임을 맡은 것으로 되어있어 세습무가의 남자들, 즉 양중들이 조직의 중심이었음을 보여준다. 그러나 강원도 재인들의 중앙 진출이나 조직력은 세월이 갈수록 더욱 약해져 1908년에 오면 재인청은 경기, 충청, 전라에만 남아있게 된다.[11] 재인청의 광대들은 양반들을 고객으로 한 유가遊街나 마을굿이 끝난 뒤 여흥으로 하는 뒤풀이 마당에서 판소리나 줄타기, 땅재주 등 창우놀음을 가지고 공연을 벌였다.[12] 이들은 서울로 올라가 과거 급제자들이 유가를 돌 때 참여했고 여러 종류의 놀이판에서 숙련된 기예를 뽐냈다. 그 가운데 가장 인기를 끌었던 판소리는 독립적인 예술장르로 발전하여 지금에 이르고 있는데 이런 공연을 활발하게 한 무부들은 주로 경기, 충청, 전라도 지역 출신이었다.

영동지역의 양중들이 독립적으로 유가에 참여하거나 놀이판을 벌였다는 기록은 남아있지 않다. 다만 양중들 역시 관아와 연결이 되는 위치에 있었음을 여러 자료를 통해 알 수 있다. 먼저 강릉단오제를 살펴보면 행사자체가 관아의 호장이 중심이 되어 행해진 의례로써 양중의 참여가 활발했던 것을 알 수 있다. 이기태의 연구에 의하면 지역민의 제의처였던 성황당은 조선조 숙종이후부터 아전 중심의 관주도 제의처로 변화하면서 성황사로 명칭이 개칭되었다고 한다. 읍치 성황사의 건립은 수령주도의 성황단 제의와 아전주도의 성황사 제의로 관 주도 제의의 이원적 운영이 가능하게 되었다. 즉 수령주도

---

11 1908년 노산주였던 경기도 재인 이종만에 의하면 광대청, 화랑청으로도 칭했던 재인청은 경기, 충청, 전라에만 있는데 각 도에는 대방이 있고 도산주는 좌우 둘이 있으며 집망, 공원, 장무등의 조직이 있다고 한다. 赤松智城, 秋葉 隆(1938), 284쪽.

12 이혜구, "宋晩載의 觀優戲," 「판소리연구」, 제1집, 1990(판소리학회), 247~285쪽에 재수록.

의 성황단이 국가의 통치이념을 준수하는 곳이라면 아전 주도의 성황사는 국가의 이념과 지역민의 신앙을 통합하기 위해 조작된 상징의 제의처였다는 것이다. 조선왕조의 붕괴는 곧 수령주도의 읍치제의가 종식되었음을 의미했지만 지역민과 상징을 공유하던 아전 주도의 읍치성황제는 지역민에게로 제사권이 이전되었다는 것이다.[13]

이 사례는 강릉단오제에도 그대로 적용이 된다. 대관령의 국사성황사가 언제 세워졌는지는 알 수 없다. 그러나 일제강점기시대 기록에 보면 강릉단오제는 아전이 주도하여 민과 함께 행해진 제의임을 알 수 있다.[14] 제의에 앞서 담그는 신주는 호장, 부사색, 수노, 성황지기男覡長(성황직), 내무녀女巫長등이 목욕재계하고 봉했고 4월 1일 초단오에는 초헌관에 호장, 아헌관에 부사색, 삼헌관에 수노, 그리고 종헌관은 성황지기가 제사를 모시는 것으로 정해져 있었다는 것이다. 양중인 성황지기와 내무녀는 무격의 집집마다에서 내놓은 금곡을 공급받아 그 세력을 무시할 수 없는 지경이었다고 기록되어 있다. 아전을 중심으로 한 관과 양중의 관계는 관노가면극의 공연에도 반영되고 있다. 단오굿에서 관의 노비들이 관아를 돌아다니면서 탈놀이를 할 때에 음악을 반주한 것도 양중들이었던 것으로 짐작되는 것이다.

또한 다른 지역에서 그러하듯 양중들은 관아의 음악도 맡았을 것이다. 이옥의 기록에 의하면 경상도의 화랭이들은 징과 장고를 치면서 피리를 불었다고 한다.[15] 그러나 현재 동해안지역 굿에서는 피

---

13   이기태, 「읍치성황제 주제집단의 변화와 제의 전통의 창출」, 민속원, 1997.

14   秋葉 隆, 「朝鮮民俗誌」, 심우성(역), 동문선, 1993, 193쪽.

15   박경신, 앞의책, 276~277쪽.

리를 불지 않는다. 그렇다면 어떤 이유로 굿판에서 피리가 사라지게 되었을까. 굿판의 음악은 타악기 위주여서 설사 피리를 분다고 해도 거의 들리지 않는 것이다. 따라서 여기서의 피리는 호적으로 이해되기도 했다.[16] 하지만 만약 정말 피리를 지칭하는 것이라면 그것은 양중들이 관아의 음악을 연주했던 것과 무관하지 않을 것으로 짐작된다. 따라서 그들이 관의 음악을 연주하지 않게 되면서 피리가 떨어져 나갔을 수도 있는 것이다. 1920년대에는 일제에 의해 숭신인조합이 결성되었는데 이때 회장을 맡은 사람은 제갈성도였다. 제갈성도는 경북지역의 세습무가 출신이다. 여전히 양중이 중심이 되어 무속의 조직이 이루어진 것을 알 수 있다. 그러나 양중들은 전라도와 경기도 화랭이들과는 달리 제의에서 독립한 자신만의 공연물을 창출하지는 못하였다. 이들은 다만 관과 일정한 관계를 유지하면서 굿 외의 음악을 연주하는 정도였던 것으로 짐작된다.

그렇다면 과거 양중들이 중앙에 진출하여 나례에 참여했을 때 담당했던 공연물은 어떤 것이었을까. 현재 굿에서 양중들이 하고 있는 연행내용과 비교해볼 때 소학지희笑謔之戱였을 가능성이 높다. 재담과 흉내를 핵심으로 하는 소학지희는 무당굿놀이와 흡사한 장르로 비교되고 있는데 그중에서도 양중들이 하고 있는 굿놀이가 가장 가깝기 때문이다.[17] 강릉단오굿을 비롯한 영동지역 서낭굿이나 별신굿에서는 양중들이 하는 굿놀이가 많다. 비교적 간단한 중잡이놀이나 천왕굿에 이어서 하는 도리강관놀이, 그리고 지탈을 쓰고 하

---

16 위의책, 277쪽.
17 소학지희의 내용과 무당굿놀이와의 비교에 관해서는 사진실(1990), 「소학지희의 공연방식과 희곡의 특성」(서울대학교 대학원 석사학위논문)이 있다.

는 탈굿 등이 있다. 굿의 맨 마지막에 하는 거리굿은 반드시 양중이 혼자서 하는데 역시 놀이성이 풍부하다. 굿놀이는 무녀가 참여하지 않은 채 양중들만 하는 연극으로 단순한 재미가 아니라 굿의 내용과 일정한 관계를 맺고 있다. 굿놀이의 연희방식은 지금까지 일인다역 또는 다인다역으로 말과 흉내를 핵심으로 하되 웃음을 유발한다는 점에서 소학지희와 상당한 공통점을 갖고 있다. 나례는 영조 35년(1759년) 무렵 폐지되었다. 또한 문희연에서의 주요공연물이었던 소학지희는 송만재의 〈관우희〉 공연물에서 이미 빠져있는 것을 볼 수 있다. 〈관우희〉의 제작연대는 확실하지 않으나 19세기 초로 짐작된다. 이러한 점을 감안해볼 때 강원도 재인들 즉 양중의 중앙에서의 활약이 미미하게 된 데에는 이와 같은 중앙공연물의 변화가 영향을 미쳤을 가능성도 생각해볼 수 있겠다.[18]

강원, 경상도의 세습무들은 악기를 신장으로 모신다. 신들린 무당처럼 집안에 신당을 모시는 법은 없으나 악기는 다락이나 골방 등에 따로 선반을 매어 잘 모셔둔다. 그리고는 명절 때나 굿이 끝나 집에 돌아오면 먼저 악기를 제자리에 모셔놓은 뒤 술 한 잔을 부어놓고 빈다. 명절에는 굿을 많이 맡고 뒤 탈 없이 해달라고 빌고 굿을 마치고 온 뒤에는 굿한 마을이나 집에 아무 탈이 없기를 비는 것이다. 이를 '신장빈다', 또는 '대성선생께 빈다'라고 하는데 대성선생은 과거 굿을 했던 양중이나 무녀들을 지칭하는 것이다. 전라도나 경기도처럼 신청에 선생안을 모시고 제사를 모시지는 않았지만 악기를 다루는 양중중심으로 세습무 집안이 내려온 것을 짐작할 수 있다.

---

18 손태도, 「과거제도를 통한 광대의 가창문화 연구」, 한국구비문학회 하계연구발표문, 24쪽.

3) 강릉단오굿의 무계와 양중

지금은 모두 작고했지만 고성에서부터 부산에 이르는 소위 '동해안 무당' 가운데 유명한 양중으로는 김석출과 송동숙이 있다. 김석출은 부산을 중심으로 활동했고 송동숙은 경북 영해에서 굿을 했다. 김석출가는 김영희, 김동연, 김동언과 김동렬 부부로 구성되는 세 딸과 사위, 그리고 조카 김용택 김영숙 부부 등이 활발하게 굿을 전승하고 있다. 송동숙가는 아들 송정환과 딸 송명희가 모두 사망하여 사위 김장길이 홀로 후포(삼율)에서 경상북도 굿의 맥을 잇고 있다. 그런데 동해안지역 가운데 강원도 굿은 흔히 세습무권이라고 알려진 것과 달리 강신무의 활약도 상당했던 것으로 보인다. 특히 양양이북 지역은 세습무보다 신들린 무녀가 많았다. 속초출신인 김창수와 천진출신 김광일, 인구출신의 김몽술은 모두 2대 이상의 세습무가 출신 양중들이지만 처는 신들린 무녀들이었다고 한다. 용왕굿에서 동이타고 공수 주는 것은 최근 보편화되었지만 워낙은 강원도의 신들린 무녀들에게서 시작되었다고 하고 군웅굿에서 놋동이무는 묘기도 신들린 무녀의 영향이라고 한다.

강릉 역시 강신무의 영향이 제법 컸던 것으로 짐작된다. 강릉단오굿은 강릉일원에 살던 양중들이 주관했다. 일제강점기 때 강릉단오굿을 했던 양중으로는 백창옥(일명 째보)이 유명하다. 백창옥은 의붓아들인 송순택과 며느리 이금옥을 데리고 오랫동안 강릉단오굿을 맡아왔다. 이금옥은 고아가 되어 백창옥의 민며느리로 들어가 굿을 배웠다. 이금옥의 경우 세습무 출신은 아니지만 강신무라고 하기도 어렵다. 강릉단오굿 2대 예능보유자였던 박용녀의 남편 김해초와 오빠 박유관 등은 모두 강원도 출신으로 단오굿을 했었다. 김혜초는 김명대의 아버지 김용출의 둘째 형으로 세습무가 출신이지만 박유관은 당대에 양중이 된 사람이다. 신석남 이전 강릉단오굿의 예능보유자였던 장재연과 박용녀는 모두 강신무들이다. 당시에도 강릉단오굿은 세습무들이 많이 참여했지만 대부분 강릉에 거주하지 않았기 때문이다. 강릉출신의 무녀들은 세습무가 없었다. 하지만 세습무들의 기량이 훨씬 뛰어났기 때문에 강릉단오굿은 세습무의 참여가 많았던 것으로 보인다.

강릉단오굿의 주관자가 세습무로 성격을 굳힌 것은 삼척에 살던 신석남이 강릉으로 이사를 와 굿을 전담하면서부터라고 할 수 있다. 신석남은 남편 김용출이 사망한 이후 강릉단오굿의 전수교육조교가 되었다. 그 후 세 아들과 외동딸을 데리고 강릉에 거주하면서 강릉단오굿을 전승해왔다. 그런데 1967년 강릉단오제가 중요무형문화재로 지정된 이후 강릉단오굿을 대표하는 세습무는 양중이 아니라 무녀이다. 소위 인간문화재로 지정된 무당이 모두 양중이 아니라 무녀들이었기 때문이다. 장재연, 박용녀, 신석남, 빈순애로 이어지는 무녀들이 강릉단오굿 전승의 중심축을 이루고 있다.

요즘 강릉단오굿의 주축을 이루는 무계는 신석남(전 강릉단오굿 예능보유자)의 후손들이다. 며느리 빈순애가 신석남의 뒤를 이어 강릉단오굿의 예능보유자가 되었다. 또한 신석남의 막내아들 김명대와 김명대의 처 신희라(이수자), 전처 이순덕(전수교육조교)이 굿을 하고 있다. 아랫대로 내려오면 빈순애의 딸 김은영(이수자)과 김명대의 아들 김민석(전수생)이 뒤를 잇고 있다. 이전에는 신석남의 남동생 신동해(전 예능보유자 후보)와 둘째 아들 김명익, 딸 김순희가 참여했으나 모두 작고했다. 10여 년 이상 단오굿을 해온 셋째 아들 김명광은 최근 개인사정으로 참여하지 않고 있다. 강릉단오굿의 또 다른 계보로는 박용녀(전 강릉단오굿 예능보유자)무녀가 있다. 박용녀는 강신무이지만 세습무가 출신의 남편 김해초와 오빠 박유관이 단오굿을 했었다. 현재는 박용녀의 조카 박금천(전수교육조교)과 박금천의 어머니이자 박용녀의 올케인 사화선(이수자)이 굿에 참여하고 있다. 그러나 박용녀계에는 양중의 계보가 없다. 박용녀는 강신무였고 사화선 역시 강신무이다. 박금천은 고모와 신석남에게서 굿을 배웠다.

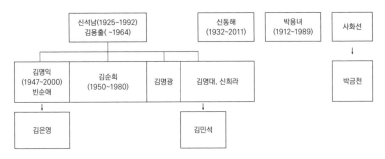

강릉단오굿 주축 무계

　　최근 강릉단오굿에 참가하는 양중들을 보면 앞서 언급한 '동해안무당' 3개 집안의 후손으로 나눌 수 있다. 중심이 되는 첫째 그룹은 신석남무녀의 직계 후손들이다. 신석남의 남동생 신동해와 아들 김명익, 김명광, 김명대가 모두 단오굿을 했었다. 지금은 김명대가 중심이 되어 단오굿을 이끌고 있다. 두 번째 그룹은 송동숙의 사위 김장길이다. 경북 삼율에 살고 있는 김장길은 신석남 언니의 아들이다. 마지막으로 김용택은 부산 김석출의 조카이다. 그렇지만 신석남의 남편이 김석출의 4촌인 김용출이어서 역시 혈연관계를 맺고 있다.

4) 양중의 학습내용과 연행의 특징

양중들은 어려서부터 철저하게 굿학습을 한다. 굿학습은 앉은 굿과 선굿(선방이라고도 한다)이 있다. 먼저 앉은굿에 해당되는 악기를 익힌다. 악기는 징을 잡아 박자의 칸을 익히면 꽹과리, 장고 순으로 배우게 된다. 장고를 잡으면 당당한 양중으로 대우를 받게 되는 것이다. 양중은 악기를 연주하면서 바라지를 하는데 가능하면 여러 종류의 목을 구사할 수 있어야 한다.

별신굿을 할 때는 율목을 많이 쓴다. 율목은 남도소리 비슷하게 하는 목이다. 하지만 오기굿에서는 시설목을 써야한다. 시설목은 애원성이 가미된 목소리로 이 둘을 적절하게 잘 사용해야 한다. 가사는 들으면서 배우고 섬(목청)은 쓰면서 배운다. 바라지등을 자꾸 따

구산서낭제 '지신밟기'

라하면서 익힌다는 것이다. 염불은 선생이 하는 것을 보면서 제를 익혀두고 책을 보고 배우든가 스님에게 직접 배우기도 한다. 송동숙은 책을 놓고 배웠고 김장길은 11살 때 탁발을 따라다닌 스님에게서 배웠다고 한다. 간단한 염불이나 서서 해야 하는 염불은 반드시 외워두고 나머지는 책을 놓고 하기에 완전히 암기하지 않아도 된다.

그러나 한 몫을 하는 양중이 되려면 반드시 선굿을 할 줄 알아야한다. 선굿에서 양중들은 주로 놀이를 담당하는데 놀이내용을 풍부하게 만들기 위해 다양한 소리를 익혀야했다. 세존굿 뒤에 하는 양중들의 굿놀이인 〈중도둑잡이놀이〉에는 배자를 본다고 하여 장기자랑을 하는 대목이 있다. 이 놀이에서 양중은 도둑을 잡는 체사(차사)로 등장하는데 체사의 자격이 있나 없나를 알기위해 먼저 배자를 본다는 것이다. 하지만 그 내용은 양중의 장기자랑이다. 이때 양중들은 굿과는 상관없는 판소리의 한 대목이나 단가를 불러 자신

〈중도둑잡이놀이〉 중 배자보기 장면

의 기량을 보여주는 것이다. 예를 들면 김장길은 판소리 흥보가 중 돈타령 한 대목을 불렀다.[19] 이처럼 판소리의 대목이나 단가, 시조창을 부르면 실력 있는 양중으로 평가받는다.

양중들이 하는 선굿 가운데 가장 중요한 것은 거리굿이다. 거리굿은 양중이 혼자서 이끌어가는 독립적인 굿이고 따로 몫을 받기 때문이다. 대개는 다른 양중이 거리멕일 때 장고반주를 해주면서 보고 듣고 익힌다. 어느 정도 배워 익숙해지면, 자신의 장기를 살려 레퍼토리 안에 넣을 수도 있다. 예를 들어 송동숙이 거리굿에서 부른 소리를 살펴보면 시조창(청산리 벽계수야), 타령조로 언문뒷풀이, 창부타령조로 숫자뒤풀이, 육자배기조로 신세타령, 육갑풀이, 중타령, 청춘가, 정선아라리, 방아타령, 뱃노래, 사랑가 등이 있다.[20] 이상의 자료를 볼 때 송동숙은 무당이 부르는 무가를 숙지하고 있는 것은 물론 판소리, 시조창, 잡가, 민요 등 다양한 레퍼토리를 갖고 있음을 알 수 있다. 그런데 이러한 다양한 소리는 소위 서쪽 출신의 양중들에게서 배운 것이라고 한다. 안동을 중심으로 서쪽을 경상우도라고 하는데 이쪽 출신 중에서 좌도에 와서 양중노릇을 한 사람들이 있었다. 일제강점기 때에는 염상태, 박재식, 노상용 등 유명한 양중들이 있었는데 이들은 주로 남도소리를 잘했다고 한다.[21]

양중이나 무녀가 자신의 실력을 선배들에게 인정받는 기회로는 방심굿이 있었다. 굿을 하려면 하루나 이틀 전에 굿하는 마을이나 집에 모여 괫대나 지화를 준비하는 것이 상례였다. 방심굿은 이

19　최정여, 서대석, 『동해안무가』, 형설출판사, 1974, 111~112쪽.
20　위의책, 280~353쪽.
21　1996년 10월 5일 경북 영해 자택에서 송동숙 인터뷰.

때 하게 된다. 방심굿은 방에서 시험 삼아 하는 굿이라는 의미로서, 방에서 시험 삼아 치는 채를 방심채, 춤은 방심무관이라고 불렀다. 젊은 사람들은 춤이나 소리, 악기를 연주하면서 나이든 양중들에게 보이고 또 잘못을 지적받고 배우기도 했다. 이런 과정을 통해 젊은 양중이 앞으로 굿판에서 차지할 자리가 정해지고 언제쯤 온섬을 주어야할지 결정하는 계기가 되기도 했다. 하지만 방심굿의 전통은 일제강점기 시대이후 사라졌다고 한다.

이상 살펴본 양중의 학습내용을 중심으로 양중의 역할을 보면 첫째 악사의 기능이 있다. 이들은 굿판에서 무악을 연주하는데 장고를 중심으로 꽹과리, 징이 있고, 경우에 따라 바라와 호적이 따르는 타악기 중심으로 판을 짠다. 이중 가장 중요한 악기는 장구이다. 장구잡이가 중심이 되어 굿의 바라지를 해주고 무녀의 컨디션과 굿판

〈강릉단오굿 악사〉

의 분위기를 감안하여 장단을 바꾸는 등 굿의 흐름을 잡아간다. 또한 꽹과리는 서너 명 이상 함께 연주하여 매우 신명나는 음악을 엮어낸다. 두 번째 양중의 기능으로는 연극이 있다. 세존굿이 끝나면 으레 〈중도둑잡이놀이〉가 이어지는데 이는 반드시 양중들이 나서서 한다. 또한 천왕굿 뒤에 하는 〈도리강관원놀이〉가 있고, 경상도 지역에서는 〈탈굿〉을 하는 마을이 있다.

그러나 가장 중요한 양중의 촌극 레퍼토리는 〈거리굿〉이다. 거리굿은 별신굿이나 서낭굿같은 마을굿의 맨 마지막에 잡귀를 풀어먹이는 굿으로 따로 몫 돈을 받는 양중 고유의 굿이다. 굿놀이를 제대로 하기 위해서 양중은 판소리나 단가, 잡가같은 소리를 배웠다. 양중이 맡은 굿은 놀이성이 강한 것들이어서 유흥성을 돋우기 위해서 다양한 소리를 구사해야 했던 것이다. 세 번째로 염불이 있다. 염불은 무녀도 하지만 주로 양중의 역할이다. 이들은 별도로 책을 통해서나 스님에게 염불을 공부하여 오기굿을 할 때 독경한다. 네 번째로 양중은 춤을 출줄 알아야 한다. 춤추는 굿이 많은 것은 아니지만 서서 지옥가 같은 염불을 할 때는 자연스럽게 장단에 따라 춤을 추고 별신굿에서 문굿을 칠 때 무녀와 함께 맞춤을 추기도 한다. 마지막으로 지화를 피우는 일도 양중이 맡는다. 굿당을 장식하는 여러 종류의 꽃과 연봉, 용선, 탑등, 초롱 등을 만드는데 옛날에는 한지에 물들여 만들었다고 한다. 이외에 굿 날을 받는 것, 마을이나 굿을 하려는 집과 액수를 정하여 계약을 맺는 매니저의 일도 양중의 몫이다.

이러한 양중들의 역할은 다른 지역의 세습무가 남자들의 기능과 비교할 때 큰 차이가 없다. 전라도의 화랭이나 경기남부의 사니들과 비교해볼 때 일차적으로 무악반주를 중시하는 악사라는 점에서 공통된다. 소리를 구사하는 비중은 군웅굿이나 손님굿처럼 몇 시간씩 걸리는 무가를 직접 창하는 경기남부의 사니에 비해 약하다. 그러나 전라도의 화랭이가 추임새의 일종인 살대답만 하는데 반해 양중들은 거리굿같은 굿놀이에서 여러 종류의 소리를 구사하는 것을 볼 수 있다. 춤은 무녀와 대무를 많이 하는 경기남부의 사니들보다 약한 편이라고 하겠다. 하지만 지화를 피우거나 염불을 하는 것은 다른 지역에 없는 양중만의 고유기능이다. 무엇보다 양중의 특징을 가장 잘 보여주는 것은 연극을 한다는 점이다. 양중과 같은 형태로 무부들이 하는 연극은 거제도의 탈굿이 유일하다. 그나마 거제도는 전승이 중단되었으나 이 지역에서는 예외 없이 연극이 벌어지고 있는 것이다.

그러나 양중은 경기남부의 사니들처럼 본격적으로 굿에 참여하는 것은 아니다. 경기도당굿을 하는 사니들은 청배의 기능을 갖는 서사무가를 구연하고 군웅굿이나 손굿과 같은 큰 거리를 맡아하며 무녀와 함께 신을 모시는 춤을 추는데 양중들이 맡는 독립적인 굿은 거리굿 하나뿐인 것이다. 거리굿은 잡귀를 풀어먹이는 굿으로 전국적으로 놀이성이 가장 짙다. 이렇게 볼 때 영동지역 굿에서 제의적 기능은 여자들이 중점적으로 갖고 있고 양중들은 단지 보조적인 역할만을 하는 것이라 하겠다.[22] 하지만 순수한 악사에 가까운 전라도의 화랭이들보다는 종교적인 기능을 수행하는 몫이 크다고 평가할 수 있다.

---

22 최길성의 보고에 의하면 부산의 양중인 김석출이 바리데기를 부른 자료가 있다. 하지만 이는 발원굿을 할 만한 무녀가 없기에 임시로 한 것이고 매니큐어를 칠하는 등 여장을 한 것을 볼 수 있다.

3. 구술을 통해 본 양중의 세계

1) 김명대[23]

(1) 마지막 양중, 새로운 양중의 지평을 열다

김명대는 2014년 현재 둘째 형수인 중요무형문화재 제13호 강릉단오제 예능보유자 빈순애와 함께 명실상부 강릉단오굿을 이끌어가는 양중이다. 동시에 우리나라에서 손꼽히는 실력 있는 타악주자이기도 하다. 김명대는 굿판
에서는 양중으로서 굿을 하고
공연장에서는 장구와 꽹과리
를 연주하면서 실력있는 제자
들을 길러냈다. 지금 김명대의
제자들이 차세대 강릉단오굿
의 주역이기에 강릉단오제 전
승에서 그의 존재와 앞으로
의 역할은 매우 중요하다. 양
중의 전통 속에서 새로운 음
악세계를 열어가는 김명대. 그
의 삶을 들여다보는 일은 어
쩌면 우리 전통문화 전승의

김명대

---

23 김명대는 3회에 걸쳐 인터뷰를 했다. 2014년 8월~11월 가톨릭관동대학교 박물관, 단오문화관 2층 세미나실의 인터뷰 내용과 지난 30여 년간 김명대를 지켜본 연구자의 생각을 합하여 정리했다.

굴곡진 역사의 한 편을 읽는 작업일 것이다.

아직 50대 초반이지만 김명대처럼 파란만장한 인생을 산 사람도 드물다. 김명대는 4대를 내려온 세습무 집안에서 태어나 어릴 때부터 굿판에서 성장하였다. 타고난 재주가 있어 장구, 꽹과리 같은 타악이나 소리, 춤, 재담까지 양중으로서의 자질을 모두 갖추었다고 평가받는다. 하지만 평생을 굿판에서 장고나 두드리면서 살아야 한다는 굴레는 청춘이 감당하기에 너무 무거운 짐이었다. 스물 둘에 무녀와 결혼하여 굿판에 적응하나 싶었으나 곧 때려 치고 오징어 배를 탔다. 2년 동안 망망대해를 떠돌면서 깊숙이 자신을 들여다 볼 기회를 가진 후, 드디어 김명대는 맘을 고쳐먹고 굿판에 돌아왔다.

그렇게 굿판으로 돌아온 김명대는 생각지도 못했던 세상을 만나게 되었다. 사물놀이가 그것이다. 전국적으로 붐을 일으킨 사물놀이에 빠져있는 동안, 새로운 세상이 낯설었던 아내와 이혼한다. 두 번째 아내는 사물놀이 연주자였다. 사물놀이 판은 젊은 열기가 가득 차 분위기만으로도 그를 미치게 했지만 운명의 굿판을 떠날 수도 없어 어정쩡하게 둘을 오가는 사이에 두 번째 아내와도 헤어졌다. 방황은 더 심해졌다. 일찍이 강릉단오굿의 전수교육조교가 되었으나 일탈 끝에 교도소를 두 번이나 드나들었다. 사회는 물론이고 가족같은 강릉단오제보존회나 실제 가족과의 관계마저도 소원해졌다. 그렇지만 우리 시대에 양중이 어떤 존재인지 안다면 무조건 그를 탓하기만은 어려운 점이 있다. 무당의 자식이라는 굴레는 어떤 밧줄보다도 질기게 그를 속박하고 있었던 것이다.

김명대는 실력 있는 연주자였고 국악예술가였으며 본인은 몰랐지만 좋은 선생이기도 했다. 한치 앞을 모르게 방황하면서도 굿과 사물놀이 그 둘을 모두 놓지 않았다. 굿이라는 본질에 사물놀이를 접목시켰다. 사물놀이를 배우러 온 학생들에게 무속타악을 가르쳤다. 사물놀이와 무속악의 결합은 새로운 음악이 되었다. 그리고 두 번의 일탈 후 모든 것을 잃은 김명대를 구원한 것은 바로 그의 음악을 잇고 있는 제자들이었다. 피리와 태평소를 불다가 굿에 빠진 세 번째 처가 끝까지 기다려준 것도 김명대에게는 행운이었다. 다시 굿판으로 돌아온 김명대는 강릉단오굿의 전통을 잇기 위해 애쓰는 진정한 양중이 되었다.

김명대는 세습무가의 마지막 양중이자 새로운 양중의 시작점에 서 있는 인물이다. 아직은 김명대의 처와 아들이 굿을 하고 있지만 세습무 전승은 이미 종착점에 와 있다. 이 현상은 강릉단오굿에만 국한되는 것은 아니다. 불과 몇 십 년 안에 전국적으로 세습무의 대는 끊길 것이다. 세습무들은 대를 이어온 뛰어난 예술성을 바탕으로 판소리, 농악, 춤 등 여러 분야의 민중연희를 이끌어왔다. 그 맥이 끊

김명대

기는 시점인 것이다.

다행히 강릉단오굿에는 김명대라는 걸출한 양중이 있다.

그는 묵묵히 제자들을 길렀다. 그 중에는 이제 어디 내놓아도 부끄럽지 않는 실력 있는 타악주자들이 많다. 제법 무녀티를 내면서 단오굿에 참여하는 여자 제자들도 있다. 앞으로 이들이 강릉단오굿의 희망이다. 그들이 진정한 양중이 되고 무녀가 될 때까지 김명대는 연구하고 가르치는 것을 쉬지 않을 것이다. 양중 김명대의 삶은 강릉단오굿의 과거이자 미래이다. 그의 인생을 통해 강릉단오굿의 미래를 예측하는 것도 의미있는 일이 될 것이다.

(2) 어린 시절, 피나는 학습의 날들

김명대는 1962년생이다. 삼척의 세습무가 출신인 김용출과 경상북도 출신의 지모[24] 신석남의 4남1녀 중 막내로 태어났다. 김용출은 유명한 양중이었던 김범수의 셋째 아들이다. 할아버지 김천득은 원래 무가태생은 아니었으나 경북 영일군에서 이옥분 무녀를 만나 무업을 시작했다고 알려져 있다. 이렇게 본다면 김명대는 김천득, 김범수, 김용출에 이어 4대째 내려오는 양중이 된다. 경상북도 영일군에서 태어난 신석남 역시 세습무가 출신이다. 아버지 신용선은 어머니 이금화와 함께 경북 울진, 포항 등지에서 활동했다. 신석남은 처녀때 권번에 들어갔으나 김용출을 만나 17세에 결혼했다. 어릴 때부터 굿은 익혀왔지만 구체적인 내용은 결혼 후 시어머니 김운화와 시숙모 이영파 밑에서 배웠다.

---

24 지모는 세습무가의 무녀를 일컫는 말이다.

김명대가 태어난 곳은 동해시 안묵호이다. 신석남은 풍어제를 하고 있었는데 갑자기 태기가 있어서 급한 상황을 맞았다. 당시는 굿하기 전에 달이 찬 임산부가 있으면 마을 밖 피막으로 내보는 것이 상례였다. 피 흘리는 해산이 부정하다고 믿기 때문이다. 심지어 무녀가 아기를 낳게 되었으니 마을어른들이 좋아할 리가 없었다. 어쨌든 굿판을 벗어나 몸을 풀어야 한다고 해서 산모는 허위허위 산위로 올라갔다. 함께 굿을 하던 송동숙의 두 번째 처 김미향 무녀가 아기를 받았다. 당시 동해는 탄광이 많아 여기저기 석탄을 쌓아 두었다. 한데서 아기를 낳는데 바람이 불어서 탄재가 사방팔방 마구 날아다녔다. 김명대의 얼굴이 유난히 검은 것은 바로 그 때문이라는 우스갯소리가 늘 따라다닌다. 김명대는 굿판에서 태어난 아이다. 아니 굿판에서조차 쫓겨나 태어난 아이다. 그게 무당의 숙명이었다. 남들처럼 병원은 커녕 자기 집 안방에서도 태어나지 못한 아이, 얼굴에 석탄재를 맞으며 산위에서 탯줄을 잘라야했던 김명대는 가장 무당답게 드라마틱한 인생을 시작했다.

아버지는 김명대가 다섯 살 때 작고했다. 폐가 좋지 않았다고 하는데 기억나는 것은 별로 없다. 다만 술 한 잔 잡숫고 집에 들어온 생각이 난다. 어지간히 술을 많이 드셨다고 한다. 대부분 양중들이 그렇듯이 김명대의 아버지도 시도 때도 없이 술 마시고, 술 취하면 주사를 부리며 아내를 괴롭히곤 했다. 재미있는 것은, 아버지에 대한 기억이 없다는 김명대가 과거 한창 술 먹고 다녔을 때 주사는 아버지와 똑같다는 말을 들었다는 것이다.

아버지 김용출은 천생 남자라는 평판이 자자한 양중이었다. 술도 잘 마시고 배도 잘 타고 고기도 잘 잡고 그물도 못하는 게 없어

한 때 배사업도 했었다. 굿판에서는 장구 잘 치고 소리도 잘 하고 춤도 잘 추었다. 김용출은 특히 재담이 좋았다. 실없는 듯 우스개로 할머니들을 웃겨 인기가 좋았다. 그뿐 아니라 마을어른들에게 술도 받아드리고 지성껏 해서 굿을 많이 맡았다고 한다. 김용택은 김명대가 타악도 잘하고 춤도 잘 추고 섬(목소리)도 좋지만 특히 재담을 잘 한다고 칭찬했다. 그런데 재담은 바로 아버지에게서 받은 재주라는 것이다. 얼굴도 기억나지 않지만 아버지는 막내에게 양중으로서의 모든 자질을 물려주었다. 동시에 수많은 양중들이 그랬듯이 술과 여자로 인생을 낭비하는 악습도 고스란히 대물림했다. 김명대는 거기에 오토바이 사고라는 시대의 산물까지 추가했으니 가장 적극적으로 양중의 대를 이은 셈이다.

김명대는 열 살이 되기 전부터 굿판에 다녔다. 물론 네 살부터 굿판에서 징도 잡고 꽹과리도 두들겼다고 하지만 '그거야 재롱이지 어디 제대로 했다고 볼 수가 있겠냐'면서 웃는다. 양중으로 처음 그의 이름이 기록된 것은 1972년 10월 경북 울진군 기성면 봉산리 별신굿이다.[25] 당시 열 살이던 김명대는 이금옥과 신석남이 주관한 굿에서 당당한 양중의 한 명으로 이름을 올렸다. 어린 나이지만 조사자가 보기에 제대로 한 몫을 하고 있었다는 뜻이다. 바로 전 해인 1971년 사천진리 별신굿에는 양중가운데 김명대의 이름이 보이지 않는다. 그러나 최길성은 당시에도 '국민학교에 다니는 막내아들이 가끔 굿판에서 반주를 돕는다'는 신석남의 말을 기록해 놓았다. 또래들이 학교뿐 아니라 학원까지 다니면서 열심히 공부하고 있을 때

---

25 최길성, 「한국무속의 연구」, 아세아문화사, 107~114쪽.

김명대는 굿판에서 이런저런 잔심부름을 하면서 꽹과리를 두들기고 있었던 것이다.

본인 말로는 굿판에서 제대로 악기를 잡은 것이 중학교 2학년쯤이라고 말한다. 어른들에게 꽹과리 잘 친다는 이야기를 들은 게 그 무렵이고, 강릉단오굿에도 그 해 처음 참가했다. 원래 삼척 근덕에 살았는데 신석남이 단오굿을 전승하기 위해 강릉으로 이사를 왔다. 당시 인간문화재는 박용녀 무녀였는데 강릉출신이었으나 굿은 잘 하지 못했다. 그래서 신석남이 전수교육조교가 되어 실질적으로 강릉단오굿을 이끌고 있었다. 김명대는 경포중학교로 전학을 갔다. 키는 작았지만 중간에 들어온 터라 맨 뒷자리에 앉았다. 전학간지 일주일 만에 단오가 되었다. 하필 가자마자 시험 기간이었는데 아는 것이 없었다. 시험지를 받았으나 쓸 것이 없어 무료하게 책받침을 꽹과리 삼아 두드리고 있었더니 담임선생님이 불렀다. 선생님은 부모가 뭐하는 분이냐고 물었다. 단오제 일하신다면서 사실은 나도 거기 가서 꽹과리도 치고 도와야 한다고 대답했다. 시험을 제대로 치기도 글렀고 굿판에도 가고 싶었다. 담임선생님은 그럼 그러라고 하면서 선선히 보내주었다. 나중에 보니 농악을 하신 분이었다. 최종학력은 중학교 졸업이지만 제대로 학교를 다닌 기억은 없다. 김명대는 제도 교육과 무관하게 어릴 때부터 굿판에서 잔뼈가 굵었다. 김명대는 막내였지만 신석남의 다른 아들들은 자꾸 굿판에서 달아났다. 할 수 없이 신석남은 어리지만 재주있는 막내를 데리고 남편 없이 다녀야 하는 굿판의 외로움을 달랬다. 그리고 김명대는 신석남의 자랑이 되어 제법 긴 시간동안 그 옆을 든든히 지켜주었다.

김명대가 처음 섬[26]을 받은 것은 17살이 되어서였다. 그 전까지는 약간의 푼돈을 받았을 뿐이었다. 모름지기 양중이란 무녀 앞에서 제대로 장구 잡고 앉기 전까지는 일종의 수습기간인지라 몇날 며칠 굿판에서 쇠치고 온갖 잔심부름을 다 해도 정해진 몫이 따로 없었다. 당시 김명대의 라이벌은 6촌인 김정희였다. 김정희는 한 살 위의 형이지만 둘은 늘 경쟁상대가 되어 비교를 당했다. 시작은 정희가 빨랐다. 정희는 비록 반섬이지만 이미 섬을 받았기 때문이다. 반섬은 몫의 절반을 받는 것이다. 한 몫을 다 받으면 온섬이라고 한다. 실제로 당시 정희는 김명대보다 훨씬 쇠를 잘 쳤다고 한다. 김명대도 꽹과리는 웬만큼 쳤지만 어른들은 바라지를 못한다고 섬을 주지 않

김명대, 김장길, 김명익 (왼쪽부터)

---

26   섬은 굿이 끝난 뒤 정식으로 계산된 본인 몫의 돈을 말한다.

앉다. 바라지를 든다는 것은 장구를 잡고 무녀를 상대하여 굿 한 석을 해내는 일을 말한다. 온섬을 받으면 비로소 지모사이[27]가 쉬는 방안에 들어갈 수 있고 잔배미도 받을 수 있었다. 제대로 어른 대접을 받는 것이었다. 후일담이지만 김명대와 김정희는 온섬을 받은 후에도 어른들이 많아서 꽤 오랫동안 방안에는 들어갈 수 없었다고 한다. 그게 불과 30여 년 전 일이다. 세상은 너무나 빨리 변했고, 이젠 그 많던 쟁쟁한 어른들이 모두 돌아가시고 말았다.

김명대가 17세 되던 해 신석남은 금쪽같은 아들이 여전히 제 몫을 받지 못하는 사실에 분개하며 어느 날 갑자기 '잘하든 못하든 내 바라지를 들라'고 했다. 그래서 난생 처음으로 신석남의 천왕굿 바라지를 하게 되었다. 김정희 아버지가 맡은 별신굿이었다. 확실하게 기억나지는 않는데 구룡포 근처의 삼정이나 들포 두 마을중의 하나였던 것 같다. 굿은 하루 별자(별신굿)였다. 작은 굿인지라 청보장단으로 한 시간 남짓 하는 천왕굿의 바라지를 맡은 참이었다. 얼마나 긴장을 했는지 모른다. 땀을 너무 많이 흘려서 앉은 자리에 물이 흥건했다. 굿을 마치자 어떻게 했는지 아무 기억도 나지 않았다. 하지만 처음 하는 바라지이다 보니 제대로 못했다는 자책에 두 번 다시 장구를 치고 싶지도 않았다. 그래도 끝까지 해냈기에 반섬을 받았다. 여전히 신석남은 아들이 온섬을 받지 못하는 것에 매우 속이 상했다. '온섬을 왜 안 놓노! 명대는 판세에 계속 있었고 판세종사[28]도 제일 열심히 했는데…' 그래도 다른 굿판에서 온섬을 주지 않자 신

---

27 지모사니의 사투리이다. 지모는 무녀의 높임말이고 사니는 양중의 또 다른 표현이다.
28 굿판에서 떠나지 않고 악기연주와 잔심부름을 하는 것을 말한다.

석남은 다음 강릉단오제때에 본인의 굿은 무조건 김명대에게 바라지를 시키겠다고 천명했다.

그날부터 밤낮없이 피나는 연습이 시작되었다. 셋방살이를 했기에 집에서 장구 놓고 연습하는 것은 언감생심이었다. 옛날 베개는 양 옆이 동그란 모습이어서 장구인양 치기 좋았다. 입장단으로 베개 장구를 치면서 연습했다. 정신없이 치다보면 베개 속에 넣어놓은 쌀겨가 터져서 온 방안으로 흩어졌다. 각고의 노력 끝에 드디어 김명대는 강릉단오굿에서 제대로 한 석을 갔다. 부정굿, 서낭굿, 심청굿 등등 신석남이 하는 굿은 모두 바라지를 들었다. 그리고 단오굿에서 드디어 김명대는 온섬을 받았다. 하지만 김명대의 온섬이 계속 유지되지는 못했다고 한다. 원래 한번 온섬을 받으면 내내 온섬을 주어야하는 것인데 아직 부족하다고 반섬을 주기도 했다. 그 일로 김명대는 마음의 상처를 크게 받았다.

옛날에는 굿판에서 형들이 짓궂은 장난을 많이 쳤다. 판세(굿판의 은어)에 다 함께 꽹과리를 들고 앉으면 서툰 동생은 형들을 보면서 눈치껏 따라 치게 마련이다. 아직 미숙한 동생들을 배려하여 형들이 알아서 리드를 해주면 좋은데 오히려 일부러 틀리게 쳐서 헷갈리게 만드는 것이다. 무심코 따라 치다가 틀리면 자존심이 몹시 상했다. 무엇보다 실력이 부족해서 당하는 일이니만큼 누굴 탓할 것도 아니다. 결국 실력만이 살 길이었다. 김명대는 마음을 굳게 먹었다. 그래, 열심히 해야지. 정희보다는 더 잘 해야지. 그렇게 김정희에게 라이벌 의식을 가지고 더욱 열심히 했다. 판세에 가면 오줌도 참으면서 자리를 뜨지 않았다. 그 덕분에 판세종사 잘한다고 어른들께 칭찬을 들었다. 열아홉 먹던 해의 일이 기억난다. 그때 송동숙이 금줄이었는데 굿이 커서 부산 김석출네도 오고 후포 김장길네도 왔다. 송동숙이 모든 사람들 앞에서 말했다. '정희랑 명대랑 둘을 앉혀놓으면 바라지하는 게 전혀 힘이 안 든다'고. 비로소 김명대도 김정희 못지않다는 능력을 인정받은 셈이었다. 김명대는 김정희를 라이벌로 삼았기 때문에 성장을 했다고 생각한다. 김정희 덕분에 학습이 늘었다는 것이다.

학습으로만 따져본다면 김명대는 복이 많은 양중이다. 어렸을 때 가장 뛰어난 두 명의 양중 김석출과 송동숙 집에서 기숙한 적이 있기 때문이다. 부산 김석출의 집에서는 16살부터 3년 동안 살았다. 김석출의 아들이 군대에 간 후로 집안에 남자가 없다고 부른 것이다. 김석출은 워낙 가르치는 것을 좋아해서 언제 어디서든 훌륭한 선생이 되었다. 김명대는 김석출네 집안일을 돕는 한편 시마리를 다니면서 배웠다. 시마리는 굿에 불려가는 것을 말한다.

김석출은 타고난 예인이었다. 김석출은 장구를 자담[29]으로 치는

김석출(동해안별신굿 예능보유자, 1922~2005)

---

29 자담은 재담을 말한다. 장난식으로 친다는 뜻이다.

데 가락이 빈틈이 없다. 장난친다는 느낌인데 가락의 배합이 딱 맞을 뿐 아니라 멋진 가락으로 구성되어 있다. 하지만 더불채가 많이 들어가서 무척 어렵다. 놀라운 일은 그 어려운 걸 장난으로 쳐버리는 것이다. 김석출은 농담이 70이고 진담이 30인데 농담이 재미있다. 그래서 김석출이 장구를 잡으면 김명대는 오줌도 안 누러 가고 열심히 들었다. 김석출의 장구는 남쪽 스타일로 느린 편이다. 장구를 느리게 치면 무녀가 다양한 재담을 넣을 수 있다. 다만 그것은 지모의 학습이 좋을 때에만 해당된다. 느리게 쳐주면 학습이 있는 사람은 실력대로 마음껏 애드리브를 할 수가 있다. 반면 장단이 빠르면 지모가 따라가기 바빠서 애드리브를 칠 수가 없다. 부산 지모들은 모두 학습꾼이니까 얼마든지 목을 가지고 놀 수 있고 그래서 느리게 가는 것이다. 관중들도 이것을 잘 안다. 그래서 장구가 느리면 가락 좋고 목이 좋다 해서 좋아한다. 그래야 돈도 잘 벌 수 있는 법이다.

송동숙의 장구는 진지하다. 한 가락 한 가락을 허투루 치는 법이

송동숙 경상북도 영해별신굿 예능보유자,
1928~2006 (뒷줄 가운데)
김장길 경상북도 영해별신굿 예능보유자,
1950~ (뒷줄 오른쪽)

없다. 송동숙은 오른쪽으로 궁채를 잡는데도 속도가 매우 빠르다. 열채도 살아있지만 궁채를 그렇게 빠르게 치는 것은 어렵다. 송동숙 집에서는 스물한 살 무렵 반년동안 살았는데 역시 함께 있는 것만으로도 좋은 선생님이었다. 송동숙의 사위 김장길에게서도 배운 바가 많다. 주로 시설섬 쓰는 것과 시무염불을 배웠다. 시설섬은 애원성이 가미된 목이다. 염불은 책을 놓고 하기에 보면서 할 수 있지만 제대로 하려면 상당부분은 외워야 한다. 시무염불은 오기굿에서 한다. 그런데 염불하는 시간대가 꼭 새벽이다. 아직 어리고 잠 많은 김명대는 피곤에 쓰러져 자고 있다가도 염불한다고 깨우면 벌떡 일어나 나가서 듣곤 했다. 거리굿도 김장길에게 주로 배웠다. 김장길은 거리굿을 할 때 늘 장구 앞에 순서를 붙여놓았다. 자주 하는 굿이지만 정신없이 하다가보면 간혹 잊어버리는 것도 있고 순서가 엇바뀔 때도 있

김용택(동해안별신굿 예능보유자)

어서 그걸 막으려고 붙여놓는 것이다. 그만큼 김장길은 조심하면서 정성스럽게 굿을 했다. 덕분에 김명대는 그걸 보면서 순서와 굿내용을 쉽게 익힐 수 있었다. 후포에는 신석남과 함께 이사 가서 반년 정도 살았다. 그게 아니어도 이종사촌간인 김장길 집에는 수시로 몇 개월씩 가서 산 적이 있다.

김명대에게 예술가로서의 롤모델은 김용택이다. 김석출과 송동숙은 부모와 같은 연배여서 존경할 뿐 모델로 삼기 어려웠다. 그러나 김용택은 형이니까 구체적인 모델로 삼을 수 있었다. 김용택은 평소 가르치는 법이 없다. 다만 굿판에 가면 '꽹과리를 치면서 늘 한쪽 귀는 열어놓으라'고 했다. 귀동냥으로 배우라는 것이다. 김용택의 장구는 현재 우리나라에서 따라갈 사람이 없다. 기가 막히게 잘 친다. 바라지 할 때 목청도 좋다. 하지만 김명대에게 김용택이 선생님인 이유는 무엇보다 지금도 새로운 채를 계속 만들어내기 때문이다. 김용택의 장구는 언제 들어도 재미있다. 무속가락의 특징은 즉흥적으로 만들어지고 있다는 것이다. 늘 새롭게 쳐진다는 것에 있다. 새로울 수 있는 가능성이 열려있는 음악이 바로 무속음악이다. 오늘 치는 푸너리와 내일 공연에 가서 치는 푸너리, 그리고 서울에 올라가서 치는 푸너리가 같지 않다. 기분이 쳐진 날 느리게 치는 푸너리는 그래도 매력이 있고 왠지 즐거운 날 빠르게 치는 푸너리는 또 그만의 매력이 있다. 속도에 따라서 느낌이 달라진다. 옛 어른들은 어떻게 이런 음악을 만들었을까. 지금도 김명대를 감동시키는 옛법을 김용택은 몸으로 보여주고 있다.

하지만 매니저로서의 능력은 김장길이 가장 뛰어나다. 김명대에게 김장길은 양중으로서의 롤모델이다. 송동숙을 따라 김장길도 오른손으로 궁채를 잡는다. 그러면 열채를 잘 치기 어렵다. 왼손잡이였던 장인하고 같이 다니다가 보니까 따라서 바뀌었다고 한다. 이렇게 악기는 선생을 따라가게 마련이다. 뚜렷하게 자신의 당골지역을 갖지 않은 채 포항과 동해를 오가면서 살고 또 방학이면 늘 분주하게 학생들을 가르쳤던 김용택과 달리 김장길은 평생 동안 자신의 터를 떠나지 않았다. 그는 열심히 자신의 당골 구역을 관리했고 주민들과 한 마음이 되어 살고 있다. 김장길은 무녀 바라지 잘 해주고 염불도 잘 하고 동네사람들과 어울리면서 전반적으로 굿을 끌어가는 솜씨가 좋다. 양중으로서의 자격은 이런 것을 모두 갖췄을 때 나온다. 굿을 한번 하고 나면 그 뒤에 마을과 인연을 이어가는 것이 중요하다. 가끔 마을 어른들에게 안부도 여쭙고 젊은 사람들하고는 술도 마시면서 마을의 대소사에 신경을 써야한다. 그것을 잘 해야 책임있는 양중으로서 일을 맡을 수가 있다.

김장길도 역시 강릉단오제에도 오고 다른 마을별신굿이나 개인굿에 시마리꾼으로 불려가기도 하지만, 그의 고향은 언제나 후포 삼율이다. 그래서 김장길이라는 본명이 있지만 마을에서 부르는 이름은 김삼율이다. 문패도 김삼율이라고 걸었다. 김장길은 평생을 그곳 사람들의 조카이자 동생이자 아저씨로 살아왔고 희로애락을 함께 나누었다. 오랜 세월 기쁜 일에나 궂은일에 두루 참가하여 마음을 나누었기에 사람들은 굿이 나면 제일 먼저 김장길을 불렀고 의지했다. 덕분에 후포를 비롯한 경상북도의 큰굿은 김장길의 영향력 아래 있다고 해도 과언이 아니다. 물론 장삿속이라고 말할 수도 있다. 하지만 그렇다고 해도 김장길은 누구 속이지 않고 제값 받고 파는 신실한 장사꾼이다. 이런 매니지먼트를 잘하기로 유명한 양중은 작고

한 제갈태오가 있다. 당대에 따라갈 사람이 없었다. 늦은 나이에 굿을 배워 기량은 좀 부족했지만 제갈태오는 가장 많은 굿을 맡은 전설의 양중이었다. 이것이 전통적으로 양중들이 사는 방법이었다. 이젠 김장길이 양중의 전통을 지키는 마지막 인물이 되었다.

김명대의 강점은 당대 최고의 예인이었던 부산의 김석출, 영해의 송동숙, 그리고 한 대 내려가서 포항의 김용택, 후포의 김장길 등 여러 선생들에게 모두 배웠다는 것이다. 부산이나 영해의 굿을 두루 다녔기 때문에 경상남도, 경상북도 굿에 능하게 되었다. 김명대는 김석출, 송동숙, 두 선생님에게 같은 내용을 물어서 똑같은 대답을 들어야 비로소 믿었다. 사실 김석출은 나중에 부산에 살았지만 원래 배운 것은 경상북도 굿이다. 영해에 거주했던 송동숙 역시 경상북도 굿을 했다. 강릉은 원래 강신의 영향이 강했던 지역이었지만 김명대 집안이 들어와 맡으면서 경상북도 식의 굿을 하는 셈이라고 한다. 굿은 동해안을 끼고 어느 지역이나 비슷하지만 모시는 서낭님이 다르다. 마을마다 유래가 다르기 때문에 굿의 행위가 달라지는 것뿐이다. 이처럼 당대에 가장 뛰어난 선생들을 오가면서 두루 배운 사람은 현재 김명대 뿐이다.

(3) 방황의 시간들

김명대는 4남1녀의 막내이다. 그렇지만 형들에게서 굿을 배우지는 않았다. 큰 형 김명철은 잠시 굿을 했으나 곧 배를 탔고 결국 젊은 나이에 바다에서 목숨을 잃었다. 어릴 때라 가물가물하지만 굿판에서 김명철을 본 기억은 없다. 둘째형 김명익은 그림을 잘 그렸다. 말 타고 가는 사람을 생동감 있게 그리던 모습이 기억난다. 용선도 직접 그리고 대가리와 꼬리를 만들었다. 두꺼운 종이를 양쪽으로 붙인 후 촛농을 먹여 비가 와도 젖지 않게 했다. 이렇게 만든 용의 꼬리와 대가리는 태우지 않고 나중에도 다시 쓴다. 김명익은 김장길에게 꽃 만드는 일을 배웠는데 특별히 솜씨가 좋았다. 그렇지만 악기를 두드리는 것은 잘 못했다. 사람 좋았던 김명익은 암으로 세상을 떠나고 지금은 아내 빈순애와 딸 김은영이 뒤를 잇고 있다. 셋째 형 김명광은 운전을 하다가 늦게 굿을 시작했다. 그래서 실력은 김명대가 한 수 위라고 봐야 한다. 십 수 년 동안 단오굿에 참여했으나 최근에는 풍물단을 운영하고 있다. 누나 김순희는 김명대가 열아홉 되던 해에 세상을 떠났다. 김순희는 비슷한 나이의 송명희, 김동연 등과 함께 굿판에서 사랑받는 지모였다. 그러나 결혼생활은 순탄하지 못했다. 동해에서 만난 남자와 아들을 하나 두었지만 곧 헤어졌다. 처녀 때 사귀었던 경북 월포리의 양중 김자중이 찾아왔다. 김자중은 원래 본처가 있었는데 이혼했다고 속이고 김순희를 찾아왔던 것이다. 나중에 속인 것을 알았지만 결국 한 마을에서 김자중과 본처, 그리고 김순희 셋이 살았다. 본처는 일반인이지만 굿에 대해서는 반무당이었다. 본처는 남편이 지모인 김순희와 함께 굿을 해야 수입이 커진다는 것을 알았고, 순희 역시 양중이 필요했다. 그런 현실적인 이유 때문에 본처의 묵인 하에 함께 살게 된 것이다. 그러나 몇 달 안 되어서 김순희는 뺑소니차에 치여 사망하고 말았다. 유일한 혈육인 박현수는 김명대에게 무악을 배웠지만 지금은 서울에서 풍물을 가르치고 있다. 언젠가는 강릉에 돌아와서 단오굿을 이을 계획이라고 한다.

김명대는 스물 둘에 처음 결혼했다. 이렇게 말하는 이유는 그가 결혼을 세 번 했기 때문이다. 첫 번째 처는 이순덕이다. 이순덕은 열 다섯 살에 신들려서 속초에서 점을 치고 있었다. 신석남이 이순덕에 게 사주 보러 왔다가 처음 만났다. 그 후 이순덕은 아야진별신굿에 서 신석남의 춤을 보고 감동했다. 그녀가 본 세상에서 가장 아름다 운 춤이었다. 이순덕은 자신이 맡은 굿에 신석남을 초청하였고 본격 적으로 굿을 배웠다. 김명대도 어머니를 따라 와서 자연스럽게 만나 게 되었다. 이순덕은 곱상한 얼굴, 가냘픈 체격이 신석남과 비슷했 다. 거기에 애교있는 눈웃음과 젊음이 더해 신석남의 눈에 꼭 들었 다. 이미 세습무 집안에서는 짝을 구하기 불가능한 세상이 되었기에 신들린 무녀라고 책잡힐 일은 없었다. 신석남은 처음부터 김명대의 짝으로 생각하고 굿을 가르쳤다고 한다. 게다가 이순덕은 김명대가 장구치는 모습을 보고 한눈에 반했던 터였다. 결국 이순덕이 열아 홉 되던 해 둘은 결혼했다. 세습무들은 결혼이 빠르다. 처가 굿을 하 면 으레 남편이 장구를 잡고 바라지를 하는 게 상례였고 그래야 굿 판에서 대우를 받는 법이다. 확실한 수입을 위해서도 지모와 결혼하 는 것은 양중으로서 첫걸음이나 마찬가지이다. 동해안별신굿의 예 능보유자인 김용택은 열여덟 살에 동갑인 김영숙과 결혼했고 김장 길의 처 송명희도 열여덟 살에 결혼했으니 이순덕의 나이가 특별히 어리다고는 할 수 없겠다. 김명대와 이순덕은 당시 동해안 굿판에서 가장 어리고 귀여운 부부였다. 남편은 장구 잘 치고 아내는 예쁘게 생겼으니 그만하면 걱정이 없을 것 같았다. 그러나 현실은 전혀 달 랐다.

동해안 세습무 집안에서는 남편이 아내에게 굿을 가르치는 경우 가 많다. 이순덕도 결혼 후 남편에게서 굿을 배우게 되었다. 그런데 처음부터 이순덕은 김명대의 속을 뒤집었다. 지모에게 가장 중요한 것이 바로 목청이다. 이순덕은 상당한 미성이었다. 그러나 음정이 불안정했다. 좀체 동해안 굿의 기본인 청보를 내지 못했다. 지모는 모름지기 상청 하청을 자유롭게 써야하는 법이다. 1장은 목소리를 낮춰서 가다가 2~3장에서 올라가는 것인데 이순덕은 내내 같은 소리로 불렀다. 안 그래도 이순덕은 세습무 출신이 아닌지라 굿에 대한 지식이 별로 없었다. 게다가 배우는 것도 느리니 성미 급한 김명대는 화가 끓었다.

양중에게는 지모의 실력이 곧 본인의 자존심이기도 하다. 이순덕의 실력은 좀체 늘지 않았다. 결혼하고 2년이 지나 부산으로 일을 하러 갔다. 하지만 금줄[30]을 맡은 김석출은 이순덕이 아직 서툴다고 굿을 주지 않았다. 부산에는 김석출의 세 딸이 있는데 모두 어마무시한 실력을 자랑하는 지모들이다. 게다가 부산은 굿 한 석이 끝나면 무조건 염불을 해야 한다. 그건 초짜무녀 이순덕에게 언감생심, 벅찬 일이었다. 신석남은 속이 몹시 상했지만 어쩔 도리가 없었다. 처가 굿을 맡지 못하니까 김명대도 할 일이 없어서 돈을 벌지 못했다. 그때 김석출의 처 김유선이 동네에 방을 하나 얻어 신수를 보게 배려해주었다. 이순덕의 신내림이 빛을 보는 순간이었다. 젊고 예쁜 무녀가 점을 친다니까 손님이 밀려들어왔다. 불과 며칠 동안 김명대는 부적을 8백장이나 썼고, 그 때 돈으로 4백 80만원을 벌었다. 굿은 쉽게 배우지 못했지만 이순덕은 점을 곧잘 쳤다. 굿이 없을 때는 집에서 점 손님을 받았다. 그렇게 두 사람은 아슬아슬 신혼을 이어

---

30 굿의 책임을 맡은 주무를 말함.

갔다.

이순덕이 임신을 하자 김명대는 처가가 있는 속초로 이사갔다. 속초에서 방위로 군대에 갔는데 오토바이 사고가 났다. 한쪽 시력을 잃는 큰 사고였다. 의가사 제대를 했지만 몸도 마음도 전과 같지 않았다. 신혼의 달콤함에서 벗어난 김명대는 인생의 갈피를 잡지 못하고 헤매기 시작했다. 우선 굿으로 먹고 살기가 어려웠다. 시대가 바뀌어 굿이 줄어들고 있었기 때문이다. 하지만 문제는 김명대 본인에게 있었다. 어쩌다 일이 나도 굿하기가 싫었다. 굿판의 주 고객은 할머니들이다. 굿판에서 성장한 자신을 어릴 때부터 보듬어주고 키워준 할머니들이다. 그런데 이젠 할머니들을 상대로 웃기는 일이 귀찮기만 했다. 김명대는 매일 술에 빠져 살았다. 굿을 가서도 어느새 술에 취해 중간에 작파하고 돌아오기 일쑤였다. 일하러 가면 신석남이나 이순덕이나 다른 지모들까지 모두 김명대가 술 먹을까봐 벌벌 떨었다. 제일 만만한 상대가 아내와 어머니였다. 가정에서는 폭군이었고 사회적으로는 책임감 없는 어린아이였다.

스스로 위기라는 것을 모를 리 없었다. 김명대는 일단 상황을 피하기로 마음먹고 오징어 배를 탔다. 원래는 2개월짜리 배였다. 오징어 배가 한번 나가면 두 달동안 고기를 잡는데 이것을 한 곳간이라고 한다. 보름은 이동하고 45일 동안 고기를 잡으면서 돌아다닌다. 한 곳간동안 마음을 정리하고 돌아오자 작정하고 탄 오징어 배였다. 그런데 한 곳간을 마친 배가 속초로 돌아오는 것이 아니라 울릉도로 가는 것이었다. 배는 고기를 쫓아 다니니까 제주도든 흑산도이건 울릉도든 일본 대화도든 가장 가까운 항구로 가서 고기를 푼다. 무조건 당시 조업장에서 가까운 항구로 가서 가득 잡은 고기를 부리는 것이다. 그리고는 조업준비를 해서 출항한다. 내릴 사람은 거기서 내리고 나머지 인원을 채워 다시 출발하는 시스템인데 김명대는 그 사실을 몰랐던 것이었다. 울릉도에서 배 타고 포항으로 가 다시 속초까지 올라갈 일이 까마득해서 일단 눌러 앉았다. 그 후에도 배는 속초로 오지 않고 여기저기 돌아다니는 바람에 그냥 열 달이 지났다. 오징어는 일 년 생으로 새끼를 부화한 뒤에 죽어버린다. 그래서 오징어 새끼가 부화하는 3월과 4월에는 오징어바리를 안한다. 결국 김명대는 처음 탄 오징어 배에서 열 달 만에 집에 돌아왔다.

　김명대는 바다에서 무엇을 만났을까? 오징어 낚시는 한밤중에 한다. 밤바다는 거칠고 무서웠다. 우리가 해변에서 보는 파도는 파도가 아니다. 진짜 파도의 정체는 배타고 나가봐야 알 수 있다. 사람을 삼킬 듯 집채만한 파도가 밀려오고 그 속에서 배는 낙엽처럼 힘없이 흔들린다. 하지만 가장 독한 게 사람이다. 그 엄청난 파도를 타면서 선원들은 고기를 잡는다. 오징어 낚시는 외로운 작업이다. 배에는 주엔진과 불 밝히는 보조엔진 두 개가 있다. 밤이면 두 개의 엔진을 모두 가동하기에 귀가 아플 정도로 시끄럽다. 바로 옆 사람의 말소리도 들리지 않는다. 한 밤중 의지할 곳 없는 망망한 바다에서 선원들은 머리위로 쏟아지는 파도를 맞으며 각자 고기를 잡는다. 전쟁터가 따로 없었다. 절로 형 생각이 났다. 김명대의 큰 형 김명철은 굿판이 싫다고 오징어 배를 탔다. 한 밤중 술 한 잔 하고 오줌 누러 배 뒤쪽으로 가다가 실종됐다. 시신도 찾지 못했다. 오징어 배는 대낮처럼 훤하게 불을 밝히고 작업하는데 어떻게 그런 일이 생겼을까 의아했었다. 막상 배에 타보니 사람이 그렇게 떨어질 수 있겠구나 싶었다. 바로 옆에 선원들이 있지만 그들은 각자 자신만의 전쟁으로 주변을 돌아볼 여유가 전혀 없었다.

고된 노동을 마치고 잠은 대낮에 잔다. 그렇지만 해가 있어 잠들기 어렵다. 예민한 김명대는 특히 잠을 못 잤다. 딱히 다른 할 일이 없지만 누적된 피곤으로 몽롱한 가운데 지난 시간들이 자꾸 떠올랐다. 김명대는 생각에 생각을 거듭했다. 가끔 장단을 두드려보았다. 굿판이 그리워졌다. 하지만 쉽게 돌아올 수가 없었다. 어쩌면 잠시 쉬어서 그리워진 게 아닐까 두려웠다. 이듬해 김명대는 한 번 더 오징어 배를 탔다. 그리고는 마음을 굳혔다. 그래 돌아가자. 그는 굿판으로 돌아왔다.

참, 2년이나 배를 탔는데 돈은 좀 벌었을까? 그 말에 김명대는 선뜻 대답을 못했다. '그게… 배를 내리면 술집이 개락이라…하하' 목숨을 거는 직업인만큼 오징어 배를 타면 제법 큰돈을 만지게 된다. 하지만 그 돈이 자신의 것이 되기는 어렵다. 목숨 값으로 받은 돈의 주인은 대부분 술집이나 술집아가씨로 바뀌는 것이다. 그래도 함께 배를 탔던 이순덕의 오빠들 덕분에 빚은 지지 않았다고 한다.

(4) 사물놀이: 새로운 세계와의 만남

1985년, 김명대는 긴 방황을 마치고 돌아왔다. 그런데 뜻밖에도 돌아온 김명대가 만난 세계는 굿판이 아니었다. 당시 엄청난 인기로 한국사회를 뒤덮고 있던 사물놀이라는 전혀 새로운 세계가 그를 기다리고 있었던 것이다. 사물놀이는 굿판이 아니라 공연장에서 연주하는 예술이었다. 굿판이 힘들었던 김명대는 무엇보다 그 차이가 반가웠다. 돌이켜보면 김명대가 굿판을 떠난 것이 이때가 처음은 아니다. 1981년 〈국풍81〉이 첫 경험이라고 할 수 있겠다. 전두환 대통령

시절 여의도에서 어마어마한 규모의 전국 민속예술 공연이 이틀 동안 벌어졌다. 탈놀이, 민요, 춤은 물론이고 각 지역의 굿도 공연했다. 김명대는 김석출의 추천으로 〈국풍81〉에서 동해안무속가락을 공연했다. 우리 나이로 스무 살, 세상을 몰랐던 시기이다. 김명대는 김용택, 정종근, 김명익으로 멤버를 구성하고 굿가락을 정리하여 공연했다. 김용택이 장구를 잡고 김명대가 꽹과리, 정종근이 징, 김명익이 바라를 쳤다. 당시는 김덕수, 김용배, 이광수, 최종실 4명으로 구성된 〈사물놀이〉가 인기를 얻어가기 시작할 무렵이었지만 정작 김명대는 이들을 잘 모르고 있었다. 다만 동해안무속의 악기구성을 따라 4명이 올라간 것뿐이었다. 그러나 공연은 한 번으로 그만이었다. 김명대는 늘 그랬듯이 고성에서 부산까지 동해안을 오르내리면서 굿을 했고 결혼했고 방황했다. 하지만 그동안 세상은 엄청난 속도로 변했다. 농촌사람이나 두드리는 것으로 무시했던 농악을 바탕으로 만든 앉은반 사물놀이 열풍이 나라 전체에 휘몰아치고 있었다. 바다에서 돌아 와보니 문득 사물놀이의 세상이 된 것이었다.

〈들림〉은 지금 관노가면극 전수교육조교가 된 안병현이 대학생일 때 만든 국악학원의 이름이다. 김명대는 안병현과의 친분으로 〈들림〉을 드나들게 되었다. 당시 〈들림〉에서는 사물놀이와 탈춤을 가르쳤다. 전국적으로 사물놀이 붐이 일고 있어서 초등학교부터 대학교까지 사물놀이를 안 하는 곳이 없었다. 김명대도 그 흐름에 따라 자연스럽게 사물놀이에 빠졌다. 김덕수 사물놀이 팀이 만들었던 〈삼도농악 사물놀이〉 테이프를 들으면서 연곡 다리 밑의 초라한 〈들림〉 연습실에서 학생들을 가르쳤다. 사실 김명대 역시 사물놀이는 처음이었지만 같은 타악이고 뭐든 학생들보다는 잘 하니까 어느새 선생노릇을 하게 된 것이었다.

굿에서 치는 장구나 꽹과리가 예술 속이 아무리 깊다고 해도 굿판은 할머니들이 주 대상이다. 한창 청춘인데 사실상 재미를 느끼기 어려웠다. 그런데 사물놀이는 젊은 아이들이 대상이니 너무나 재미있었다. 절로 신명이 났다. 어느 정도 사물놀이가 익어 가자 김명대는 자연스럽게 무속사물이라는 새로운 장르로 넘어가게 되었다. 사물놀이와 상당부분 통하는 무속악이 뜻밖의 매력으로 다가왔다. 1986년 김명대는 드디어 〈대관령푸너리〉를 결성했다. '푸너리'는 동해안 무속악에서 굿을 여는 장단이다. 동해안지역의 모든 굿은 푸너리장단으로 시작하는 것이다. 거기에 대관령을 넣어서 강릉단오굿과의 연결을 잊지 않았다. 무녀의 굿을 반주하던 무속타악으로 순수하게 예술성을 가지고 승부하겠다는 당찬 포부가 그 안에 들어있었다. 김명대의 나이 스물다섯, 의욕이 마구 용솟음치는 시기였다.

〈대관령푸너리〉의 첫 공연은 당시 강릉의 유명한 카페 〈다랑〉에서 했다. 그 후 서울의 〈마당세실극장〉에서 본격적인 데뷔를 하게 되었다. 신문마다 기사가 나고 새로운 음악이 등장했다면서 찬사가 이어졌다. 지방에서 올라온 이름 모를 팀의 공연에 그처럼 호의적인 평가가 쏟아진 것은 놀라운 일이었다. 그렇지만 정작 김명대에게 서울 공연의 의미는 전혀 다른 데 있었다. 그 공연에서 운명같은 친구들을 만난 것이었다. 〈서울풍물놀이〉는 최익환을 비롯한 4명의 젊은이들이 만든 사물놀이 팀으로 앉은반과 선굿을 모두 했다. 서울 〈마당세실극장〉에서 첫 공연을 하게 되었을 때 김정희가 〈서울풍물놀이〉 단원들을 소개해주었다. 이미 김정희는 서울에 올라가 활동하면서 사물놀이 연주자들과 친분이 있었다. 사물놀이로 외국 공연도 다녀왔다. 잔뜩 사물놀이 물이 든 김정희가 굿판에서 상모를 돌렸다가 김용택에게 욕을 먹기도 했다고 한다.

같은 또래였던 〈서울풍물놀이〉 팀을 만난 것은 김명대에게 새로운 세계를 열어준 대사건이자 인생의 전환점이었다. 김명대는 특히 장구잡이 최익환과 급속도로 가까워졌다. 작업을 함께 하면서 김명대는 풍물가락이 이름만 다르지 무속악과 같다는 것을 분명히 알게 되었다. 무속가락을 풍물에 가져다쓰면 기막히게 맞아떨어지는 것이었다. 다만 굿음악은 지모의 사설을 대기 위한 것인지라 목적에는 차이가 있었다. 김명대는 최익환과 함께 음악공부를 했다. 같이 술도 많이 마시고 심지어 〈서울풍물놀이〉 공연도 함께 다녔다. 공연할 때는 주로 쇠와 장구를 쳤다. 장구는 최익환이, 꽹과리는 정철기가 쳤는데 김명대는 두루 거들면서 함께 다녔다. 최익환에게 설장구도 배웠다. 그러나 앉은반만 했을 뿐 춤추면서 악기를 연주하는 판

〈대관령푸너리〉 공연

굿 공연에는 참가하지 않았다.

　김명대는 서울과 강릉을 오가면서 무속악을 공연예술로 다듬는 작업을 계속했다. 그러나 고향은 좀체 그의 작업을 알아주지 않았다. 하루하루 세월은 흐르고 김명대는 묵묵히 자신의 길을 갔다. 강릉에서 김명대의 무속사물놀이가 인정을 받은 것은 1991년으로 기억하고 있다. 〈대관령푸너리〉 창단 5년 만이었다. 단오제를 주관하던 강릉문화원에서 단오제 기간 중 밤에 무대공연을 해달라고 부탁해온 것이다. 당시 강릉단오제는 '도시속의 축제'로 주제를 잡고 야간공연을 대폭 늘렸다. 굿은 아침 10시에 시작해서 저녁 8시까지 한다. 그 후 매일 밤 9시부터 40분씩 무속사물놀이를 공연했다. 김명대는 〈국풍 81〉 때 첫 공연과 같이 김용택, 김명익, 정종근으로 팀을 짰다. 갓 쓰고 한복입고 올라가 오로지 무속장단만 공연했을 뿐이었는데 관중석에서는 난리가 났다. 굿을 전혀 모르는 젊은이들에게 굿음악이야 말로 새로운 음악이었다. 젊은이들은 사물놀이에 보였던 열정보다 더 미쳐서 열광했다. 그 후 강릉단오제에는 밤마다 무속사물놀이 공연이 빠지지 않았고 지금까지 가장 인기 있는 공연의 하나로 이어지고 있다.

　단오제의 공연을 계기로 김명대는 강릉에서도 본격적으로 사물놀이와 무속타악을 겸하게 되었다. 자신을 얻은 김명대에게 단오제 기간 중 사물놀이 경연대회를 해보자는 제안이 들어왔다. 몇 년째 〈대관령푸너리〉 공연이 인기를 끌고 있는 것으로 보아서는 어느 정도 성과가 있으리라 기대가 되었지만 비용이 문제였다. 그러나 김명대는 1994년 강릉단오제 기간에 제1회 전국 사물놀이 경연대회를 열었다. 상금은 당시 〈대관령푸너리〉의 무속사물놀이 공연으로 받은 180만원으로 충당했다. 대상에 50만원 주는 등 상금을 만들고 악기 몇 점을 주변에서 얻었다. 의욕만 가지고 어렵게 시작한 행사였는데 문자 그대로 대박이 났다. 초등학교부터 고등학교에 이르기까지 학생들이 정신없이 몰려왔다. 신청자가 너무 많아서 예선만 이틀을 했다. 결선까지 꼬박 사흘을 한 이 대회는 사물놀이뿐 아니라 무속사물놀이를 알리고 강원도 전역에 퍼지게 만든 일등공신이 되었다. 가능성이 보이자 강릉문화방송이 나섰다. 강릉문화방송은 2009년까지 행사를 주관했고, 그동안 전국사물놀이 경연대회는 단오제 행사 중 가장 인기 있는 청소년프로그램으로 자리 잡았다. 2010년부터는 강릉단오제 보존회가 주관하면서 명칭도 〈강릉단오제 사물놀이 경연대회〉로 바뀌어 오늘까지 이르고 있다. 과거의 폭발적인 인기는 지나갔지만 우리 가락에 미친 젊은이들이 신명을 불

〈제21회 강릉단오제 사물놀이 경연대회〉, 2014

태우는 열광의 무대인 것은 지금도 변함이 없다.

신동해(강릉단오굿보유자후보, 1932~2011)

이렇게 김명대는 평범한 양중에서 국악예술가의 길에 들어섰다. 상당 부분 성과도 냈다. 하지만 가정은 원만하지 못했다. 생래적으로 굿판을 떠날 수 없는 이순덕과 굿판을 떠나고 싶은 김명대의 거리는 점점 멀어져갔다. 1992년 결국 김명대는 이순덕과 헤어졌다. 이순덕을 무척 예뻐했던 신석남이 자궁암으로 세상을 버린 해였다. 이순덕은 속초로 돌아갔고 김명대는 강릉에 남았다. 그리고 김명대는 사물놀이 출신의 두 번째 처를 얻었다. 그러나 새로 얻은 처는 굿을 배우지 않았다. 사물놀이의 신 김명대에게 홀딱 빠져서 물색없이 시집온 두 번째 처는 갓 고등학교를 졸업하여 아직 어렸다. 그녀는 굿을 배우는 대신 남복을 하고 굿판에서 악기를 잡았다. 김명대도 여전히 굿장구를 쳤지만 그 앞에 설 지모는 없었다. 지모가 없는 양중은 굿판에서 그야말로 개밥의 도토리다. 그러나 강릉단오굿은 그를 필요로 했다. 당시 강릉단오굿에는 외삼촌 신동해가 있었으나 실력은 김명대보다 못했다. 둘째 형 김명익이나 뒤늦게 굿에 합류한 김명광 역시 김명대를 따라가기는 어려웠다. 지모가 없는 가운데서도 김명대는 1994년 강릉단오제 이수자가 되었고 2000년에는 전수교육조교가 되었다. 앞으로 강릉단오굿을 이끌어갈 양중은 김명대 밖에 없음이 분명해보였다. 하지만 굿판에서 김명대는 외톨이였다. 김석출이나 송동숙은 물론이고 김용택, 김장길은 모두 귀신처럼 굿을 잘 하는 지모가 아내이기에 어느 굿에서나 주인이 될 수 있었다. 그렇지만 지모가 없는 김명대는 반쪽짜리 양중이었다. 굿을 떠날 수 없었지만 굿판에서 마음이 편하지도 않았다. 김명대는 사물놀이와 굿을 오가면서 불안정한 시기를 보냈다.

가정과 자신의 위치가 불안정할수록 김명대는 음악공부와 〈대관령푸너리〉 활동에 집중했다. 사물놀이를 깊게 공부하면서 자연스럽게 무속음악을 접목시키게 되었다. 아무리 사물이 멋있어도 가락은 동해안 무속음악이 낫다는 주변의 이야기에 귀를 기울였고 결국 본인의 음악을 만들어내기에 이르렀다. 그렇지만 음악만으로 승부를 하기에는 사물놀이를 따라가기가 쉽지 않다고 판단하여 무녀의 춤을 섞어 공연을 짰다. 굿분위기를 살리면서 음악성을 추구하는 김명대의 무속사물놀이 공연은 지금까지 인기 있는 레퍼토리이다.

〈대관령푸너리〉의 초창기 멤버는 김용택, 김명익, 정종근이었다. 하지만 당시 이들은 모두 실력과 인기를 겸비한 양중들이어서 굿이 많았다. 코앞에 공연이 있어도 굿이 나면 그쪽으로 가버리기 일쑤였다. 굿이야말로 그들의 본업이고 또 현장에서 현금을 버는 일이기도 했기 때문에 포기를 못 했다. 이들은 모두 전통시대를 사는 양중들이었다. 실력은 최고였지만 공연자로서의 훈련은 전혀 받지 못한 사람들이었다. 책임을 맡은 김명대만 죽을 노릇이었다. 결국 오래 준비했던 생방송을 펑크 낸 이후 김명대는 이들과 가는 길이 다르다는 것을 인정하지 않을 수 없었다. 다른 방법을 찾아야 했다. 그것이 바로 실력 있는 제자를 키우는 것이었다. 강릉단오제 기간 중 해온 전국사물놀이 경연대회를 계기로 본격적으로 사물과 무속악을 배우려는 학생들이 제법 있었다. 시간은 걸리겠지만 희망을 걸어볼 만 했다. 이들을 대상으로 김명대는 본격적인 선생의 길을 가게 되었다.

제자들이 말하는 김명대는 타고난 선생이다. 한번 수업을 시작하면 아침 9시부터 저녁 8시까지 계속하는데 식사시간 외에 쉬는 법이 없었다. 밥만 먹으면 장구 앞에 딱 앉아서 몇 시간이고 떠나지 않는다. 이런 집중력은 자연스럽게 학생들의 존경으로 이어졌고 남다른 열성에 학생들도 잘 따라왔다. 지금 강릉단오굿 이수자이자 〈푸너리〉[31] 예술 감독인 김운석은 초등학교 5학년 때부터 가르친 제자이다. 당시 청소년사물놀이 경연대회에서 수상한 김운석의 재능을 눈여겨보고 제자로 받았다. 그 후 김운석은 고등학교 2학년 때 세계 사물놀이 경연대회에서 대통령상을 수상하여 김명대를 기쁘게 했다. 강릉 촌놈들이 상금 천만 원 받고 덜덜 떨면서 수상소감을 말했다고 한다. 그 외에도 지금 강릉단오굿을 전수하고 있는 〈푸너리〉 단원들이 모두 그의 제자이다.

김명대는 가르칠 때 매우 엄했다. 정신을 똑바로 차리지 않고 있다가 제대로 해내지 못하면 '박을래!' 꽹과리를 들이대면서 무섭게 야단을 쳤다. 세 번을 쳐도 못 따라하면 그만이었다. 학생들은 이렇게 선생을 달래곤 했다. "선생님 소주 다섯 병 사놨는데요." 한창 술을 좋아했기에 그러면 넘어갔다. 하긴 그것도 술 먹을 때 이야기다.

---

31 〈대관령무너리〉는 후에 〈푸너리〉로 이름을 바꾸었다.

지금은 술을 전혀 마시지 않는다. 김명대에게 배우는 것은 쉽지 않은 일이었다. 무속장구는 자유로워서 칠 때마다 달라지는 것이다. 박의 수는 같지만 그 속은 다른 것이 바로 무속장구다. 그때만 해도 일반적으로 풍물은 장단마다 끊어서 가르쳤다. 굿거리 한 장단을 치면 그때마다 끊었다. 그러나 김명대는 연결해서 열 장단을 만들어보라고 가르쳤다. 무속가락의 생명은 열채에 있다. 궁채를 앞세우면 안 된다. 열채가 살아나야 한다. 무속음악을 자유롭게 만들어 주는 게 열채이기 때문이다. 열채를 제대로 치면 음악에 다양한 변화를 줄 수 있고 듣는 사람들을 '뒤집어지게' 만들 수 있는 법이다.

가르치는 일은 결국 또 다른 공부가 되었다. 김명대는 가르치는 과정을 통해 무악을 더 깊이 이해할 수 있게 되었다. 김명대는 풍물을 배우면서 장단을 쪼개는 방법을 알게 되었다. 굿거리는 열두 박이다. 그러나 전통적으로 양중들은 4박으로 배웠다. 반주하는 음악이기에 무녀의 춤에 맞춰, 다시 말하면 징박으로 배운 것이다. 춤을 출 때는 징을 세 칸에 한번 치기 때문에 세 칸을 한 박으로 가르친 것이다. 하지만 연주음악으로만 생각하고 굿거리를 보니 열두 박으로 쪼개졌고 다시 열두 박을 스물네 박으로 쪼갤 수 있다는 것을 알게 되었다. 이 경험을 바탕으로 김명대는 무악을 가르쳤다. 굿의 현장에서만 살았던 옛날 어른들처럼 몸박(춤박)으로 가르치면 받아들이기가 어렵다. 하지만 연주하는 음악은 다른 것이다. 예를 들어보면 청보장단은 1장부터 5장까지 다 해야 청보라고 할 수 있다. 그런데 청보는 무녀의 노랫말에 얹는 장단이라서 반드시 가사가 있기 때문에 징을 꼭 열한 박 째 친다. 또 사람들이 무녀의 사설을 들어야 하니까 실제 꽹과리는 가만가만 치고 아예 치지 않을 수도 있다. 이처럼 청보는 가사가 있어야 제 맛이 나기 때문에 순수한 무악 연주에서는 흥을 낼 수가 없다. 그래서 굿음악에서 청보는 중요한 장단이지만 연주종목에서는 과감하게 뺐다.

어릴 때는 굿음악의 가치를 몰랐다. 어머니가 돌아가시고도 얼마만큼 시간이 지난 다음에 비로소 김명대는 무악의 가치를 알게 되었다. 무악은 가능성이 많은 음악이다. 드렁갱이 하나만 놓고도 여러 형태의 음악을 만들 수 있다. 파생되는 게 많은 것이 무악이다. 사실 김명대라고 처음부터 무속가락이 이렇게 다양하게 나올 수 있다는 것을 알고 있었던 것은 아니었다. 원래 김명대는 그냥 굿만 했기에 장단이나 가락을 비교할 기회가 없었다. 사물놀이를 공부하면서 견주어 보니까 이름은 달라도 똑같은 장단이 많았다. 무악의 드렁갱이 3장은 6채와 같았다. 그렇게 가르쳤기 때문에 김명대의 제자들은 스스로 음악을 짤 수 있게 되었다. 결국 김운석은 선생도 없이 삼도풍물굿에 무속가락을 접목시켜 만든 음악을 가지고 나가 대통령상을 받아왔던 것이다. 김명대는 사물놀이에 빠져있던 청소년들을 무속의 세계로 끌어들였다. 김운석은 중학생일 때 푸너리 단원이 되었다. '굿거리를 연결해서 구성해봐라' 시키면 곧잘 해냈기 때문에 김명대는 운석의 실력을 믿고 있었다. 그러나 절친했던 서울풍물놀이의 단원들마저 너무 어리다고 반대했다. 김명대는 김운석을 복판에 앉히고 공연을 부쳤다. 김운석은 하나도 틀리지 않고 실수없이 해내었고 실력을 인정받아 마침내 중학교 3학년 어린 나이에 푸너리 단원이 되었다. 있는 힘껏 가르치고 제자를 믿어주는 선생이 있기에 지금도 푸너리 단원들은 강릉단오굿을 잇는 동시에 자신들의 음악을 창조하기 위해 노력중이다.

(5) 다시 굿판으로

김명대는 굿판에서 누구보다 장구 잘 치고 바라지 잘하는 유능한 양중이었다. 공연장에 나서면 무속과 사물을 적절히 접목시킨 새로운 음악으로 수많은 사람들을 홀리는 신명많은 연주자이기도 했다. 쟁쟁한 실력이 있어 어디에서나 당당할 수 있었다. 그러나 정작 김명대는 두 세계 어디에도 안정하지 못한 채 불안했다. 김명대는 이미 타악계에서는 모르는 사람이 없을 만큼 유명인사였고, 맹목적으로 그를 따르는 수많은 제자들의 선생이기도 했다. 하지만 할머니들만 앉아있는 굿판에서는 어느 누구도 달라진 그의 사회적 위치를 몰랐다. 모를 뿐 아니라 관심도 없었다. 어차피 할머니들에게 김명대는 양중에 불과했다. 양중은 뭐니 뭐니 해도 장구 잘 치고 꽹과리

김명대

잘 두들겨서 무녀가 굿 잘하게 해주면 그만이었다. 할머니와 마을 사람들에게 김명대의 존재감은 그 옛날 어린 아이들도 반말하던 양 중에서 나아진 것이 거의 없었다. 여전히 김명대는 천민사제, 그뿐이었다. 실력 있는 타악주자와 양중, 둘의 거리는 멀었다. 그 거리가 김명대를 불편하게 만들고 낯설게 만들었다.

그가 나타나는 굿판에는 학자들이나 음악가, 예술가들이 심심찮게 따라왔다. 굿판은 원래부터 누구든 환영하는 열려진 공간이다. 심지어 거지가 와도 밥 잘 먹여서 보내는 것이 굿판 아닌가. 마을 주민들도 학자들을 환영했다. 자기네 마을 행사가 주목받는 것은 모두에게 좋은 일이었다. 하지만 어느새 김명대는 마을주민보다 찾아온 외부사람들과 더 친밀한 자신을 발견하게 되었다. 언젠가부터 마을은 더 이상 김명대에게 삶의 터전이 아니었다. 주민들은 양중을 기대했지만 김명대는 이미 그것을 넘어선 또 다른 세계를 가지고 있었다. 그는 굿판에서도 예술가 노릇을 하는 자신을 발견했다.

사실 사람들이 그를 대하는 태도도 일관성이 없었다. 그는 양중이자 예술가였다. 하지만 현실은 어떤 때는 예술가이고 어떤 때는 양중이었다. 그가 예술가이고 싶을 때 사람들은 곧잘 냉정한 시선으로 양중 취급을 했고 양중에 집중할 때면 예술가라고 부추기기도 했다. 둘은 시너지효과를 내지 못하고 오히려 정체성의 혼란을 가져왔다. 공연장에서 멋진 모습만 보여주고 싶기도 했지만 그는 몇 세대를 내려온 뿌리 깊은 양중이었다. 그래서 강릉단오굿을 지키는 전수교육조교도 받았지만 단순한 양중에 머물 수도 없었다. 김명대는 방황했고 끝없이 방황했다. 결국 김명대는 사고를 쳤고 '먼 곳에 다녀온 후' 두 번째 아내와 헤어졌다.

'먼 곳에서' 다시 돌아온 사회는 냉담했다. 법적으로는 죄 값을 치렀지만 여전히 그는 죄인이었다. 하지만 그는 굳이 강릉으로 돌아왔다. 그곳에 그를 기다리는 사람들이 있었기 때문이었다. 그들은 바로 김명대의 제자들이었다. 초등학생 때부터 그에게 사물과 굿음악을 배웠던 어린 제자들이었다. 단순히 기다린 것만이 아니었다. 제자들은 대통령상이라는 큰 선물을 준비하고 오매불망 그가 오기만을 바라고 있었다. 김운석을 비롯한 제자들이 선생도 없이 출전한 대회에서 대통령상을 받았다는 것을 김명대는 출감한 뒤에 비로소 알았다. 제자들이 모텔을 빌려 세계 사물놀이 경연대회의 공연과 수상모습을 찍은 비디오를 보여주었다. 자신도 모르게 눈물이 나왔다. 사람은 스스로 무엇인지 모르는 인생을 겪게 된다. 힘든 시간을 보낸 후 그 짧은 순간에 드는 마음을 표현할 길이 없었다. 정작 기쁘다기보다는 자신이 점점 작아지는 느낌이었다. 당시 대회에 나간 학생들 중 김명대에게 직접 배운 사람은 김운석과 장구를 치던 하유라 둘뿐이었다. 나머지 학생들은 얼굴도 모르는 선생을 기억하기 위해 김명대의 사진을 하나씩 복사해서 가지고 있었다. 한 번도 얼굴을 뵌 적이 없어서 사진을 가지고 있다고 했다. 그러면서 제자들은 말했다. '무속이 대단한 음악이라고 느꼈습니다. 죽을 때까지 이 음악을 하겠습니다.'

당시 아직 대학도 가지 못한 어린 제자들은 그에게 새로운 삶을 살아갈 힘을 주었다. 김명대는 그 마음이 너무 고마웠다. 변치 않고 기다려준 제자들은 김명대를 살렸다. '느그들 때문에 나는 변했다. 앞으로 어떤 일이 있어도, 내가 안 먹어도 너희들 밥 먹이고 옷 입히고 죽을 때까지 내가 그렇게 하겠다'고 김명대는 공언했다. 그리고 그로서는 가장 견디기 힘든 곳이었던 강릉을 떠나지 않았다. 하지만 인생은 녹록하지 않았다. 그가 변했다는 것을 사회는 알아주지 않았다. 그는 다시 한 번 무너졌고 다시 한 번 '먼 곳에' 다녀와야 했다. 그리고 그가 없는 자리는 세 번째 아내가 지켜주었다.

김명대는 적어도 처복이 없다는 말은 못할 것 같다. 사실 세 번이나 결혼한 사람을 두고 처복이 있다는 말을 하기는 어렵다. 하지만 세 아내가 모두 그의 인생에는 도움이 되었으니 그리 말할 수밖에 없다. 처음 결혼한 이순덕은 강릉단오굿 전수교육조교이다. 김명대의 뿌리라고 할 수 있는 단오굿의 주무로서 굿을 이끄는 중요한 역할을 한다. 두 번째 처는 앞으로 김명대의 뒤를 이을 아들을 키워냈다. 아들 김민석은 악기도 잘 치고 소리도 곧잘 해서 양중으로서의 기본 조건을 갖추었다. 세 번째 현재 아내는 국악전공자이다. 원래 타악을 했으나 결혼 이후 굿을 배워 지모가 되었다. 현재 강릉단오굿 이수자이다. 이렇게 세 아내들은 모두 김명대라는 한 명의 양중을 오늘의 모습으로 만들어낸 주요 인물들이다.

굿은 연륜이 필요한 예술이다. 아무리 재주가 있어도 어느 정도 시간이 지나야 무당틀이 몸에 밴다. 굿 한 석을 제대로 하려면 몇 십 년이 걸리는 법이다. 답답한 구석은 있었지만 여전히 고운 얼굴에 미성인 이순덕도 세월을 따라 이제 굿을 잘 한다. 소리는 좀 약하지만 춤이 좋다. 원래 굿에는 느린 박에 추는 춤이 없다. 무당춤은 빠른 것이 정석이다. 가끔 무당이 느린 장단의 살풀이 같은 춤을 출 때도 있다. 일종의 관객서비스로 여흥삼아 추는 것인데 이런 춤은 반드시 따로 배워야 한다. 옛날 지모들은 권번에서 춤을 배웠다. 김명대는 김유선과 신석남도 부산 영도의 무용학원에서 춤을 배웠다고 기억을 되살렸다. 신석남은 굿판에서 여흥에 살풀이 추는 것을 좋아했다. 가냘픈 몸매에 느직하게 수건을 늘어뜨리고 추는 신석남의 살풀이는 일품이었다. 박금천도 강릉 무용학원에서 춤을 배웠는데 단오굿에서 가끔 살풀이를 춘다.

그렇지만 빈순애나 이순덕은 따로 춤을 배우지 않았다. 그래서 느린 박의 춤은 못 추지만 굿춤에는 일가견이 있다. 특히 이순덕의 춤은 굉장히 빠른 박자에 추는 소신무관이 좋다. 굿의 마지막, 잡가 들어가기 전에 추는 소신무관은 무속의 오리지널 춤이다. 소신무관을 춘 후 대구포 들고 공사준 후 수부치는 이순덕의 춤은 신석남과 똑같다. 신석남은 유난히 이순덕을 예뻐했는데 춤 하나를 확실하게 물려준 셈이다. 이순덕과는 큰 딸이 초등학교 2학년 때 이혼했다. 남매를 두었으나 둘 다 굿을 배우지 않았다. 본인들의 의사를 따른 것이기에 김명대는 아쉬움이 없다고 한다.

두 번째 처는 사물놀이를 배우던 고등학생일 때 만났다. 당시 김명대는 대학생이나 고등학생에게 사물놀이를 가르치고 있었는데 한창 사물놀이가 유행하던 때라 인기가 좋았다. 그 중 악기를 귀신같이 다루는 김명대에게 반한 사람이 바로 두 번째 처이다. 김명대에게 불과 사나흘 배우고 나간 사물놀이 대회에서 대상을 받은 후 더욱 열성적으로 그를 따르다가 눈이 맞았다. 그렇지만 두 번 째 처는 굿을 배우지 않았다. 워낙 풍물을 하던 사람이니 풍물만 시켰다. 오랜 시간 김명대는 반쪽 양중으로 지낼 수밖에 없었다. 둘은 결국 이혼했지만 아들 민석이가 유일하게 김명대의 대를 잇고 있다.

신희라는 세 번째 처이다. 고등학교 때 농악을 배웠는데 대학에 진학해서는 피리를 전공했다. 2004년 김명대의 굿을 본 후 강한 매력을 느껴 무속악을 배우기 시작했다. 굿판에서 태평소를 불면서 악사로 다니다가 김명대의 음악에 반해서 결혼까지 하게 되었다. 신희라는 뒤늦게 굿을 배워 현재 강릉단오굿의 이수자이다. 사실 굿은 내외가 해야 한다. 양중이 혼자 가서 남의 여자 바라지를 들어주는 것보다는 자기 처 바라지 드는 것이 돈도 벌고 모양새도 훨씬 좋은 법이다. 굿은 신희라가 먼저 하겠다고 자청했다. 처음에는 반대했으나 다시 생각해보니 고마운 일이었다. 좀 늦었어도 할 수만 있다면 배우는 것이 서로를 위해서 좋은 일이라 가르치게 되었다. 신희라는 원래 국악을 전공하여 음악에 대한 센스는 갖춘 상태였는데 무엇보다 사설을 빨리 외우는 능력이 있다. 제대로 굿하려면 어차피 몇 십년 걸린다. 하지만 굿은 일단 사설을 외워야 시작이 되는 법이다.

김명대는 그동안 신희라가 해온 어떤 일보다 굿을 시작한 것이 제일 잘한 결정이라고 생각한다. 시작은 늦었지만 사설을 금방금방 익히니까 진도가 빠른 편이다. 축원굿으로 시작하는 것이 무녀공부의 상례이다. 그래서 어느 정도 익히면 누구든 축원굿부터 맡게 마련이다. 축원굿을 떼자 김명대는 아직 초자인 신희라에게 대뜸 심청굿 같은 대석을 외우라고 시켰다. 굿이란 언제 기회가 올지 모르는 일이기 때문이다. 기회가 오면 누구든 기본을 갖춰놓은 사람에게 그 몫이 돌아가는 법이다. 평소 사설을 외워둔 덕분에 신희라는 갑작스레 빈순애가 오지 못한 굿에서 심청굿을 하게 되었다. 물론 한 시간 정도로 대충 때운 수준이지만 그것도 능력이다. 사실 지모들이 처음 굿판에 나설 때 잘 해서 세우는 것이 아니다. 굿판에 자꾸 서봐야 굿이 느는 법이다. 그래서 대석할 때 옆에서 도와도 주고 기회가 되면 직접 하기도 하면서 자신감을 얻어야 진정한 지모가 된다. 신희라는 목소리가 크지만 아직 만들어 쓰는 요령이 부족하다. 하긴 하루 아침에 배가 부르겠는가. 신석남에 비하면 십분의 일, 빈순애의 오분의 일도 해내기 어렵겠지만 그래도 노력하면 좀 따라가지 않을까 기대하고 있다.

(6) 〈푸너리〉와 강릉단오굿

세습무들은 부부, 부모, 형제자매, 사촌, 오촌 등 직계와 친인척이 함께 팀을 이뤄 굿을 했다. 어릴 때부터 자연스럽게 굿판에서 악기를 배우고 무가를 익혔다. 지금도 강릉단오굿은 박용녀와 신석남 무녀의 자손들을 중심으로 무당식구들이 굿을 하고 있다. 하지만 얼마 지나지 않아 옹기종기 세습무식구들끼리 하는 굿은 보기 어려울 것이다. 그 뒤를 어떻게 이을 것인가. 아직 조심스럽지만 강릉에는 김명대가 만든 〈푸너리〉가 있다. 〈푸너리〉 단원들은 가족 못지않게 서로 친밀하다. 그러나 제자들과 김명대는 20년 이상 나이 차이가 난다. 게다가 아들 김민석을 제외하고는 직계가족도 아니다. 그 거리를 극복하는 것은 결코 쉽지 않다. 다행히도 아직 동해안에는 별신굿이나 오기굿이 남아 있어 현장에서 배울 수 있으니 전승이 불가능하지는 않을 것이다. 하지만 진정한 굿의 멋과 맛은 과연 얼마나 전승할 수 있을까? 쉽지 않은 문제이다.

앞으로 강릉단오굿은 〈푸너리〉 단원들이 이끌어 갈 것으로 보인다. 몇 남지 않은 세습무로 단오굿을 이을 수 없다는 것은 불 보듯 빤한 사실이다. 제대로 학습하기가 어려운 신들린 사람들로 잇기도 어렵다. 가능성은 결국 〈푸너리〉 밖에 없을 것 같다. 〈푸너리〉는 현재 12명으로 구성되어 있는데 그 가운데 10명이 강릉단오제보존회원이다. 〈푸너리〉 단원들은 남녀 모두 굿을 배우고 있을 뿐 아니라 지난 몇 년 동안 강릉단오굿에 꾸준히 참여해왔다. 몇 명은 제법 이력이 붙어서 다른 지역 굿에 불려가기도 한다. 사실 아직 보존회에 가입하지 못한 나머지 두 명도 단오굿 분야의 보존회원이 25명으로 한정되어 있어서 들어가지 못한 것뿐이고 활동내용은 거의 같다. 〈푸너리〉의 색깔은 분명하다. 무속악연주단이다. 풍물도 하지만 무속악을 기반으로 하는 팀이다. 그래서 음악연주와 춤, 노래 등 굿을 함께 한다. 다만 굿만 하는 것은 아니다. 옛날 것을 달리 해석해서 갈 필요는 있다고 본다. 우리 것을 찾아서 공부하고 전통을 잇는 한편 새로운 음악과 예술을 만드는 것이 〈푸너리〉의 목표이다.

김명대는 생각하면 생각할수록 기특한 일이라고 말한다. 요즘 누가 굿을 배우겠다고 하겠는가. 누가 무당이 되겠다고 나서겠는

〈강릉단오제 무속악발표회〉

가. 예전처럼 냉담한 시선은 많이 약해졌다고 해도 무당을 업신여기는 편견에서 완전히 자유로운 것은 아니다. 그렇다고 무녀나 양중이란 게 돈벌이가 되는 것도, 명성을 얻는 직업도 아니다. 하지만 〈푸너리〉 단원들은 자발적으로 굿에 뛰어들었다. 모두 굿을 배워 양중이되고 지모가 되겠다는 각오를 한 사람들이 바로 〈푸너리〉 단원들이다. 단원들은 공부도 웬만큼 했다. 대다수가 대학을 졸업했거나 재학 중이다. 그 중에는 석사인 단원도 있다. 그런 인재들이 김명대를 스승으로 모시면서 열심히 굿을 배우고 익히고 있다. 〈푸너리〉는 한번 들어오면 거의 나가는 사람이 없다. 오히려 서로 자극이 되어 더욱 열심히 한다.

이렇게 제자들이 공부를 열심히 한 데에는 김명대의 안목이 있었다. 그는 앞으로 굿을 할 사람들은 공부를 많이 해서 학문적 바탕을 닦아야 한다고 믿는다. 크게는 그것이 좋은 국악인이 되는 길이겠지만 구체적으로는 그래야 결국 강릉단오굿도 살아남을 수 있다는 생각이다. 강릉단오굿을 바탕으로, 굿을 어머니 삼아, 단단한 음악인을 길러내고 싶다. 이들이 진정한 양중이 되고 지모가 되면 그것이 곧 우리나라를 대표하는 국악인이 되는 길이라고 믿는 것이다. 제자들은 타고난 능력과 상황을 고려하여 진학을 시키고 있다. 대개는 타악이지만 무용을 전공하는 단원도 있다. 무녀부에 있는 박순여는 대학원에서 무용을 전공하고 있다. 무녀로 대성하기에는 목소리가 좀 약하다고 판단했기 때문이다. 사실 옛날 무녀들은 권번이나 따로 선생을 찾아가 전통무용이나 민요, 판소리 등을 배우곤 했었다. 느린 박에 제대로 춤을 추려면 따로 무용공부를 해야만 한다는 생각에서 무용을 전공시킨 것이다. 김운석은 무악전공으로 대학원 석사과정 재학 중이고 신희라는 "강릉단오굿 전승자연구"로 이미 석사학위를 받았다.

하지만 김명대가 학교공부보다 더 중요하게 생각하는 공부가 있다. 바로 굿판에서 선생들에게 직접 배우는 살아있는 학습이다. 지금 김명대의 제자들은 단순히 악사로서의 길을 가는 것이 아니다. 세습은 아니지만 제대로 학습을 한 양중의 길을 개척하는 중이다. 그래서 제자들이 현장에서 아직 활동하는 스승들로부터 하나라도 더 배우고 단 한마디라도 더 듣게 하여 양중으로서, 지모로서의 자격을 갖추게 하려는 것이다. 이제 양중도 몇 남지 않았다. 그나마 지모는 좀 있지만 양중은 김용택과 김장길을 제외하고는 위로 어른이 한 분도 안 계시다. 같은 또래 김정희가 있을 뿐이다. 김명대 자신도 옛날엔 어른들 말씀을 흘려들은 것이 많았다. 생각해보니 한 마디 한 마디 정말 귀담아 들어야하는 것들이었다.

양중은 단순히 굿판의 악사가 아니다. 기본적으로 지모를 바라지하는 사람이다. 그래서 양중교육은 무엇보다 굿의 현장에 맞춰서 해야 한다. 지모의 춤을 반주할 때, 양중은 지모보다 먼저 그 몸짓을 이해하고 앞서 가 주어야 한다. 지모의 몸과 다리를 보고 다음 순서를 생각해서 장단을 줘야 하는 것이다. 지모가 힘들지 않게 굿을 할 수 있도록 장고를 쳐주는 것이 양중의 책임이라면 당연히 한 발자국 더 먼저 나가서 장단을 쳐야 되는 것이다. 그러기 위해서는 굿의 경험이 많아야 한다. 꼭 장고 앞에서 바라지를 하지 않아도 늘 지모의 굿하는 모습을 보면서 공부하는 자세가 필요하다. 지모가 굿상을 보고 절하면 사자풀이가 나와야하고 쾌자를 뒤로 매면 곧 대구포 들고 춤을 춘다는 것이니까 채를 넘겨야 한다. 굿의 동작을 미리 계산해서 장단을 내주어야 지모가 수월하게 굿을 할 수 있다. 이런 것은 굿현장을 떠나서는 배우기도, 가르치기도 쉽지 않다. 김명대는 젊은 학생들에게 바로 이 부분을 가르치려고 한다. 사실 자신은 굿판에서 성장했기에 따로 배울 필요가 없던 부분이었다. 김명대는 그것까지 가르쳐야 진정한 양중학습이라고 본다.

김명대는 제자들이 김장길 같은 양중이 되기를 바란다. 그러나 장단은 김용택처럼 치기를 바란다. 지모를 가르치는 것은 원래 양중이었다. 그런데 지금 여자소리를 할 줄 알고 직접 지모를 가르칠 수 있는 양중은 김용택과 김장길 밖에 없다. 그들을 모델로 삼아서 하나라도 더 배우기를 바라는 마음뿐이다. 배울 때는 정확하게 배우라고 한다. 본인도 정확하게 가르친다. 자료를 꼭 남기라는 말도 한다. 선생님을 초빙해서 배울 때는 무조건 모두 동영상을 찍어둔다.

양중이 해야 하는 일은 바라지나 악기연주 외에도 상당히 많다. 굿놀이나 지화제작 등은 양중들의 전유물이다. 지모는 굿을 하지만 그 외에 연극적인 놀이는 양중의 몫이다. 특히 동해안 굿에는 양중들이 하는 굿놀이가 많다. 사실 김명대는 굿놀이를 잘 한다. 김용택은 김명대가 잘 놀기로 유명했던 아버지를 닮아서 유난히 놀이를 잘한다고 말했다. 내력인지 타고난 재주인지 곤반놀이나 탈굿은 물론이고 거리도 잘 먹인다. 거리굿은 다양한 잡귀의 모습을 흉내내면서 풀어먹이는 양중의 일인극이다. 강릉단오굿에는 거리굿이 없고, 대신 송신제를 한다. 하지만 일반적인 마을의 풍어제에서는 거리멕이는 것이 많은 사람들의 관심사이고 크게 즐거워하는 굿이다. 또 양중이 도맡아 하는 유일한 독립적 굿이기도 하기에 양중들의 관심이 크다. 거리는 은어로 해송이라고 하는데 요즘은 간단하게 쪽박해송을 하는 마을이 늘었다. 쪽박해송은 도술풀이로 귀신만 풀어먹이는 것이다. 하지만 대거리굿이라고 하면 자담(재담)도 해가면서 제대로 해야 한다. 앞으로 제자들이 이런 대거리까지 제대로 해낸다면 진짜 양중이 되었다고 해도 과언이 아닐 것이다.

양중의 역할 중에서 지화만드는 일도 중요하다. 흔히 사친다고 하는데 김명대가 직접 가르쳤다. 손으로 하는 것은 못하는 일이 없는 김명대는 지화만드는 솜씨도 일품이다. 하지만 지화는 김장길이 훨씬 더 잘 만든다. 어릴 때 곱은 손 불어가며 한지 이겨서 하나하나 꽃을 만들었던 아픈 경험이 그를 지화장인으로 만들어주었다. 이제 김장길도 칠순이 다 되었으니 늦기 전에 배워두어야 한다. 요즘은 물들인 종이를 대나무 가지에 붙이기만 하면 꽃을 만들 수 있게 반조립품을 판다. 그러나 옛날에는 한지 이겨서 물들이고 자르고 오리고, 꽃을 만들기까지 일이 여간 많지 않았다. 염색할 때는 얇은 한지

〈강릉단오제〉 지화·등 제작

가 날아갈 까봐 숨도 잘 못 쉬었다. 최근에는 여자들도 꽃을 만들지만 원래는 양중의 몫이었다. 이제 김명대는 남녀를 가리지 않고 모든 제자들이 옛 법대로 사치는 일을 배우기 바랄 뿐이다.

(7) 전통을 잇는 방법

요즘 김명대는 끊겼던 전통을 다시 잇는 일에 관심이 많다. 원래 양중들은 꽹과리를 소나무가지로 쳤다. 채가 없었기 때문이다. 소나무를 30센티미터 정도 잘라서 껍질을 벗긴 후 끝을 각이 지게 잘라서 사용했다. 하지만 소나무가지는 힘이 없어서 소리가 세밀하지 못했다. 김명대는 서울에 올라가서 지금과 같은 꽹과리채를 처음 보았다. 동그란 공이 있는 것으로 치니까 가락소리가 세밀해졌다. 그때부터 지금까지 줄곧 채로 꽹과리를 친다. 하지만 앞으로 단오굿에서는 소나무 채도 써보려고 한다. 제자들에게 옛날 방식을 가르쳐보려는 것이다. 김장길은 지금도 소나무채를 사용하고 있기에 전통이 끊어진 것은 아니다.

스승과 제자의 차이는 무엇인가. 스스로 전통을 안 지키면 제자들에게 스승이라는 소리를 들을 수 없다. 선생이니까 원형을 가지고 있어야 하는 것이다. 사실 요즘 젊은 아이들은 상당히 잘 한다. 학교에서 체계적으로 공부를 하기 때문에 학습이 좋다. 이런 상황에서 김명대가 할 일은 전통을 지키는 것이다. 그래서 김명대는 뭐든지 처음부터 끝까지 전부를 가르친다. 제마수를 쳐도 1장부터 제대로 시작한다. 요즘은 2장부터 시작하는 지모가 많지만 김명대는 반드시 초장부터 하도록 가르친다. 근본부터 아는 것이 중요하기 때문이다.

우리나라 음악은 느리게 시작해서 빨라진다. 그런데 요즘 굿은 1

장을 빼고 하는 경향이 있다. 거무장단을 쳐도 1장을 건너뛰고 굿거리부터 간다. 1장은 무엇인가. 느린 장단이니 결국 진양이라고 보면된다. 만약 산조에서 진양을 빼면 음악이 될 것인가. 우리는 한이 많은 민족이다. 굿이든 음악이든 한이 없어서는 안 된다. 한이 없으면당장 보는 사람은 즐겁지만 오래 가지 못한다. 쉽게 말하면 초장을빼는 것은 비극을 빼고 희극으로만 가겠다는 것과 같다. 슬픈 정서인 비극은 오늘 들어도 울고 내일 들어도 운다. 심청이가 풍덩 물에빠지면 모두 운다. 우는 데는 남녀노소가 없다. 젊은 사람이라고 슬픔이 없을손가. 모두 제 몫의 슬픔을 가지고 산다. 슬픔이 오래 가는법이다. 그런 정서를 느끼려면 반드시 초장부터 연주해야 한다. 김명대는 제자들이 그런 정서를 느낄 수 있도록 해주고 싶다.

김명대가 이런 생각을 하게 된 것은 몇 년 안 된다. 아마도 2008년쯤이라고 생각한다. 제자들을 키우면서도 과연 앞으로 이 아이들이 지모가 될 수 있을지, 양중이 될 수 있을지 자신이 없었다. 본인은 어릴 때부터 굿판에서 성장했기에 당연히 아는 것을 제자들은전혀 모르고 있었다. 그런 경험의 유무가 상당한 차이를 낳고 쉽게극복되지 않는 부분이라는 것을 김명대는 인식하지 못했던 것이다.결국 세습무는 사라질 것이다. 그러나 김명대는 강릉단오굿을 하는무당은 사라지지 않을 것이라고 단언한다. 그 근거는 바로 〈푸너리〉에 있다. 지금 제자들의 학습량은 엄청나다. 양중도 그렇지만 무녀만 봐도 어릴 때 함께 성장한 순희누나도, 다른 지모들도 그렇게 죽자고 공부하지는 않았다. 그것을 해내고 있는 것이 〈푸너리〉 단원들이다.

김명대는 본인이 전통적인 세습무의 마지막 대라는 사실을 분명히 인식하고 있다. 물론 아들이 하고 있지만 김민석은 무속악을 공부한 것뿐이다. 중학생 때부터 농악을 전공했던 아들은 고등학생 2학년이 되어서야 처음 굿판에 들어왔다. 세습무집안 출신이기는 하지만 김명대와 전혀 다른 어린 시절을 보낸 것이다. 대를 잇는 것은 중요하다. 그러나 김명대는 아들이라고 앞세울 생각은 없다. 중요한 것은 실력이다. 제법 소질이 있지만 초등학교 때부터 배운 김운석을 따라가기는 어려울 것으로 본다. 그래서 둘이 한 식구가 되어 앞으로 강릉단오굿을 이끌어가 주기만 바랄 뿐이다. 김민석이 대학입시 준비를 할 때에도 김운석에게 가르치게 했다. 왜 아버지가 가르치지 않고 그 제자에게 배우게 하느냐고 말들이 많았다. 김명대는 분명히 말했다. '내가 가르치면 사심이 들어간다. 제자에게 배웠는데도 대학에 붙었다고 하면 얼마나 모두의 평판이 올라갈 것이냐.' 김운석은 열심히 가르쳤고 김민석은 잘 배웠다. 그렇게 아들은 대학에 붙었고 지금도 둘은 〈푸너리〉라는 이름의 한 식구가 되어 사제지간을 이어가고 있다. 돌이켜보면 윗대부터 제대로 전승을 이어갔어야 했다. 강릉단오굿의 양중으로는 외삼촌 신동해씨가 있었다. 기량이 뛰어난 분은 아니었지만 집안의 가장 어른이었다. 잘 하나 못하나 살아계실 때 체계적으로 전통을 잇는 작업을 해왔으면 좋았을 텐데, 안타까운 마음이다. 저승꽃이 핀 얼굴로 치는 장구가 얼마나 아름다운 것인지 새삼 절실해질 때가 많다.

최근 강릉단오제보존회 안에서 김명대의 존재감이 커지고 있다. 누구보다 단오굿 전승에 관한 생각을 많이 하고 있기 때문이다. 젊었을 때는 인기 있는 사물놀이에 빠져 살았다. 공연을 위해서는 창작도 필요했다. 하지만 강릉단오굿은 다르다. 국가의 중요무형문화재이자 유네스코에 등재된 세계적인 문화유산이다. 창작이 개인적인 예술세계라면 단오굿은 공적인 문화유산이다. 정말 제대로 보존하고 전승해야 한다. 그런데 잘 전승하려면 먼저 학습이 필요하다는 것이 김명대의 생각이다. 그래서 강릉단오제보존회에 부탁해서 몇 년 째 워크숍을 하고 있다.

무격부 악사 교육

강릉단오제보존회의 지정문화재 분야는 제례와 무당굿, 그리고 가면극이다. 세 분야가 함께 단오제의 뼈대를 이루고 있는 것이다. 가장 중요한 전승주체가 바로 이 세 개의 지정문화재라고 할 수 있다. 그런데 이들은 서로 다른 분야에 대해서 무지했다. 무당들은 제례나 가면극에 대해서 아는 것이 없었고 제관들 역시 굿을 몰랐다. 함께 하는 행사이니 모두 알아야한다고 생각한 김명대가 서로 자신의 분야를 가르치고 다른 분야를 배우는 워크숍을 제의한 것이다. 처음에는 일 년에 한 번 했지만 요즘엔 두 번으로 늘렸다. 워크숍에서는 이론과 실기를 함께 한다. 강의도 듣고 무용도 배우고 소리도 배운다.

왼쪽 전통무용 민요 / 오른쪽 민요

굿판에서 김명대는 참으로 사랑스럽다. 장구도 잘 치고 지모도 편안하게 이끌고 신명나는 굿분위기를 만드는 솜씨도 나무랄 데가 없다. 악기를 다룰 때나 초일(지화만드는 일)을 할 때는 누구보다 섬세하다. 하지만 일상생활은 서툴기 짝이 없다. 셈도 느리고 논리적으로 사고하여 행동하지도 못 한다. 맡은 일은 열심히 하지만 돈을 아끼고 모아서 저축을 해야겠다는 생각도 없다. 나이에 맞게 저녁이면 사람들과 어울려 식사라도 하면서 대화를 하는 법도 없다. 일이 있으면 일하고 일이 없으면 집에서 빈둥댄다. 그러다가 돈이 생기면 좋아하는 낚시나 오토바이에 다 쏟아 붓는다.

그러나 장구 앞에 앉아있거나 꽹과리를 들고 있을 때는 사람이 변한다. 엄청난 집중력을 보이는 것이다. 연습할 때는 아침부터 밤까지 밥 먹는 시간을 빼고는 앉은 자리에서 악기를 놓지 않는다. 제자들은 선생님이 화장실도 안 간다는 말을 이구동성으로 한다. 김명대는 어려서부터 판세종사 잘하기로 유명했다. 판세종사란 굿청에서 자리를 뜨지 않는 것을 말한다. 꽹과리를 치던 징을 치던 자기 역할이 끝났어도 그냥 줄곧 판세에 누질러 앉아서 어른들이 하는 것을 보고 또 잔심부름도 하는 것이다. 굿은 더울 때도 하고 추울 때도 한다. 사실 굿판을 지키고 앉아있는 것만으로도 힘든 법이다. 그래서 진득한 성격이 아니면 어렵다. 김명대가 타고나기를 진득한 편은 아니다. 다만 굿판에서만은 하나라도 더 배우겠다는 의지와 봐도 봐도 재밌는 굿의 세계가 그를 잡아 앉힌 것이라고 봐야할 것이다.

김명대가 지키는 일이 두 가지가 있다. 노름과 사업은 안한다는 것. 얌전하게 일 잘하고 있다가 노름해서 한 탕에 재산을 모두 날리는 선배들도 많이 봤다. 또 무당자식 치고 사업해서 안 망한 사람이 없다는 것이 그의 지론이다. 거기에 2년 전에 술도 끊었다. 오로지 한길에 매진할 마음의 준비가 된 셈이다. 김명대의 이런 소신과 부지런한 활동은 강릉지역사회에서 어느 정도 인정을 받기 시작했다. 그는 2013년에 그동안의 노고를 위로하고 치하해주는 상을 두 번이나

강릉문화원장상 수상, 2013

받았다. 강릉문화원장 상과 강릉시장 상이다. 태어나 생전 처음 받은 상이다. 긍지도 남다르다. 정말 열심히 해야지. 요즘 김명대는 청년처럼 일하고 있다.

　김명대는 알고 모르는 것이 분명하다. 아는 것은 확실히 안다. 그래서 몇 번 물어도 같은 대답을 한다. 모르는 것은 몇 번 물어도 모른다. 그냥 모른다고 할 뿐 얼버무리는 법이 없다. 말을 지어내지 않는다. 아는 것을 안다고 하는 일이 무에 어렵냐고 할지 모르지만 자신이 가지고 있는 것에 대한 확신이 없으면 안 되는 법이다. 또한 모르는 것을 모른다고 하는 것은 정직한 사람만 가질 수 있는 하나의 힘이다. 어려서부터 학습을 열심히 해서 바탕이 탄탄하기도 하지만 특히 제자들을 가르치는 과정을 통해 알고 모르는 것의 내용이 더욱 분명해진 것 같다. 그동안 방황하던 김명대를 살린 것은 예술이었다. 그리고 그의 예술에 감복하여 오랜 시간 기다려준 제자들이었다. 김명대는 굿에서 음악을 시작했고 예술로 승화시켰다. 그렇지만 양중으로서의 자신을 잃어버리지 않았다. 굿음악이란 변화무쌍한 것이 본질이다. 그런 면에서 아무리 멋진 가락을 만들어 냈어도 몇 번 치고 나면 싫증이 나서 매번 새로운 가락을 다시 만들어내야 직성이 풀리는 김명대는 타고난 양중이다. 그리고 이제 우리 사회는 그런 김명대가 창조적인 예술가라는 사실을 조금씩 받아들이고 있다. 김명대는 자신의 삶속에 전통과 창조를 녹여내는 인물이다. 아무쪼록 그 둘이 조화를 이루기 바란다. 그것은 곧 강릉단오굿의 건강한 전승을 의미하고 동시에 우리 전통문화의 창조적 계승을 구현하는 일이기 때문이다.

2) 김운석

김운석은 1985년생이다. 김명대의 첫 번째 제자이자 누구나 손꼽는 수제자이기도 하다. 김운석이 김명대를 만난 것은 우리 나이로 열두 살, 강릉단오제 사물놀이 경연대회에 참가한 것이 계기였다. 이 대회는 〈푸너리〉가 주관했고, 〈푸너리〉 대표인 김명대는 주관자이자 심사위원이었다. 주문진 주영초

김운석

등학교 5학년이었던 김운석은 최우수상과 장구로 개인상을 받았다. 김명대는 운석의 재주를 알아보고 〈푸너리〉 연습실에 나오라고 권유했다.

하지만 김운석은 연습실에 가지 않았다. 원래 처음부터 사물놀이에 관심을 가진 것은 아니었기 때문이다. 당시 학교에서 사물놀이 패를 만들었는데 모두 여학생들뿐이었다. 대회에 나가려면 남학생이 두 명 필요하다고 해서 주영초등학교 전교 회장이었던 김운석과 부회장이 억지로 들어가게 된 것이다. 악기라고는 만져본 적도 없는 상태에서 겨우 4, 5개월 연습하고 나간 대회였다. 12명이 장구놀이 연주를 했다. 장구는 〈푸너리〉에서 배운 선생님이 가르쳐주었는데 난데없이 일등을 하게 된 것이었다. 게다가 김운석보다 훨씬 더 오래 연습한 친구들이 많았는데 개인상까지 받은 것이다. 하지만 어릴 때

인지라 김명대의 권유가 무엇을 의미하는지도 몰랐다. 그래도 사물놀이는 재미있어서 초등학교 졸업할 때까지 열심히 했다.

　본격적인 무악공부는 중학교에 들어와서부터이다. 친한 친구가 〈푸너리〉에서 배우고 싶다고 하기에 본인도 초등학교 때 제의받은 것이 있어 함께 따라간 것이었다. 청보가 몇 박인지도 몰랐다. 무속악이 무엇인지 아무 개념도 없이 사물놀이만 배워서 들어간 참이었다. 매일 학교 수업이 끝나면 곧장 〈푸너리〉 연습실로 가서 밤 9시까지 꽹과리와 장구 연습을 했다. 연습생은 서너 명에 불과했지만 문화방송국 근처에 있던 지하연습실에서 김명대가 직접 가르쳤다. 가르치는 사람도 배우는 학생들도 그렇게 열심일 수가 없었다. 모두 음악이라는 세계에서 대동단결한 시간이었다. 〈푸너리〉에서의 공부는 단순한 사물놀이가 아니었다. 김운석은 사물놀이와 무속장단을 함께 배웠다. 그러나 당시는 본인이 배우는 것이 무속장단이라는 사실을 인식하지 못했다. 생각해보면 이미 김명대의 장구가락은 사물놀이도 무속화되어 있었지만 운석은 물론 김명대 자신도 구분하지 못했던 것 같다.

　굿판에 처음 나선 때는 중학교 2학년이었다. 김명대는 운석의 재주를 눈여겨보고 굿판에 데리고 다녔다. 하지만 제대로 몫을 한 것이 아니라 그냥 구경하는 수준이라고 보는 게 맞겠다. 아직 체계적인 교육을 받은 것도 아니고 박도 잘 모르니까 선생님이 치는 것을 보면서 그냥 따라 쳤다. 선생을 따라 동해도 가고 경상도도 갔는데 어렴풋이 기억나는 장면은 성주굿이다. 어디인지도 잊었지만 송명희 지모가 하는 굿이었는데 사설 가운데 온갖 어물 부르던 생각이 난다. 하지만 절대 잊히지 않는 분명한 장면이 있다. 굿이 재미있기는 하지만 도저히 쏟아지는 졸음을 이길 수 없어 꽹과리를 치면서 졸았던 기억이다. 이런 기억은 옛날 양중이라면 누구나 가지고 있는 보편적인 경험이다. 굿은 밤새우는 날이 태반이라 무당들은 잠과 싸움하는 일이 제일 힘들다. 물론 어릴수록 그 싸움이 더 힘든 법이다. 세습무 출신은 아니지만 어린 시절부터 겪은 유사한 굿판의 경험은 김운석을 새로운 이 시대 양중의 반열에 오르게 하는데 한 몫을 할 것이다.

김운석은 김명대에게 주로 장구를 배웠다. 김명대는 짜여진 가락을 주고 쳐봐라 하는 선생님들과 달랐다. 원래 무속가락은 정해진 것이 아니다. 자유롭게 치는 것이 생명인데 김명대는 가르치는데도 그 방식을 적용했다. 먼저 박의 구조를 가르쳐준 다음, 직접 가락을 만들어보게 했다. 7채, 6채 등의 기본 장단도 그랬고 삼채, 자진모리도 그랬다. 별달거리 장단은 푸너리 장단하고 길이가 같다. 기본장단 가르쳐주고 던져준 다음 창작을 해봐라 하는 것이 김명대의 교육방식이었다. 김명대 말에 의하면 운석이 정말 '뒤비지게' 잘 짜왔다고 한다. 그 교육방법은 김운석이 창조적인 타악주자가 되는데 중요한 밑거름이 되었다.

3년을 꼬박 공부하고 고등학생이 되었을 때 김명대가 잠시 '먼 곳'에 가게 되었다. 어린 김운석이 방황하지 않을 수 없었다. 게다가 집에서는 반대가 심했다. 늦둥이로 태어난 김운석은 장남이자 외아들이었다. 아버지는 수산업에 종사했으나 연로하고 건강도 좋지 않았다. 어려운 집안 형편을 생각하면 공부보다 장구 끌어안고 사는 것이 마음 불편했지만 그래도 지지 않고 묵묵히 타악공부를 했다. 이미 음악은 김운석 삶의 일부가 되어 도저히 그만둘 수가 없었다.

김운석의 외가는 전라도이다. 병든 외할머니를 이모가 모시고 있었다. 할머니가 돌아가시기 두어 달 전에 찾아뵈었다. 병색이 완연한 할머니가 김운석을 불러 앉히더니 갑자기 방문을 잠그셨다. 그리고는 사실 당신은 신들린 사람으로 전라도에서 무당이었다는 말씀을 해주셨다. 영암출신이었는데 평생 직업을 숨기신 것이었다. 할머니는 운석이에게 지옥풀이 같은 노래도 불러주셨다. 그러고 보니 어릴 때 외갓집에서 신장을 보았던 기억이 났다. 어머니의 말에 의하면 할머니는 돌아가시기 2, 3년전 까지도 굿을 했다고 한다. 김운석은 그제야 왜 그렇게 유난히 가족과 친척들이 자신을 말렸는지 알게 되었다. 집안 내력이 있어서 더욱 싫어했던 것이었다. 어머니도 소리를 제법 잘 하는 편이다. 할머니는 딸도 무당을 시키려고 했는데 안했다고 한다. 신내림은 아니지만 결국 한 대 걸러서 김운석이 하게 된 것이 아닌가. 그렇게 굿은 김운석에게 운명이 되었다.

김운석은 제일고등학교 용봉패라는 사물놀이팀의 일원이었다. 3년 위 선배들이 동아리처럼 만든 모임이었는데 학교에서 별로 인정을 해주지 않았다. 단원은 6명, 그 중 김명대에게 배운 학생은 본인과 하유리라는 친구 단 둘이었다. 학교 안에 연습실이 없어서 여기저기 떠돌아다니면서 힘든 시간을 보냈는데, 선생님마저 없으니 어려움은 더욱 커졌다. 가족의 반대도 심해지고, 도저히 팀을 유지할 수가 없었다. 결국 마지막으로 사물놀이대회에 한번 참가해 본 후에 해체하기로 결정하고 연습에 들어갔다. 배수의 진을 친 셈이다. 그게 2002년, 세계 사물놀이 경연대회로 김덕수가 주관한 행사였다. 김운석은 김명대에게 어느 정도 창작하는 법을 배운 터였다. 겨우 고등학교 2학년이었지만 김운석은 김명대에게 배운 실력을 바탕으로 삼도농악에 푸너리 장단을 넣어서 음악을 짰다. 김운석이 장구를 잡고 꽹과리는 하유리, 북은 설희수와 이기석, 징은 박순여와 황지영이 쳤다. 연습은 하루에 네다섯 시간을 기본으로, 차가 끊길 때까지로 정했다. 그렇게 다섯 달을 피나게 연습했다. 어린 나이에, 더없이 비장하고 간절한 시간이었다. 하지만 가장 소중한 시간이기도 했다. 그들의 무모한 열정이 무엇을 의미하는지 당시는 아무도 몰랐다. 그러나 아직 세상을 모르는 아이들의 순수함과 음악에의 헌신은 훗날 김명대의 인생을 바꾸는 중요한 전환점이 되었다. 또한 지금 〈푸너리〉의 핵심들이 모이는 시간이었고 나아가 강릉단오굿의 미래가 결정되는 의미심장한 시간이기도 했다. 그리고 결국 그들이 지금 강릉단오굿의 미래가 된 것이다.

부모님들은 모두 반대했고 학교에서도 아무 지원이 없었다. 세계 사물놀이 경연대회는 천 명 이상 참가하는 어마어마하게 큰 대회였다. 외국에서도 참가자들이 왔다. 그러나 용봉패는 초라하기 짝이 없었다. 의상도 없어서 사물놀이 배우는 아줌마들에게 옷을 빌려 입고 나갔다. 얼마나 대단한 대회인지 예선만 3일을 했다. 김운석 팀도 예선을 치렀다. 잔뜩 기가 죽어서 공연을 했는데 끝나자마자 관중석의 반응이 폭발적이었다. 촌에서 올라온 아이들은 모두 어안이 벙벙했다. 경연이 끝난 뒤 김운석은 우연히 화장실에서 김덕수를 만났다. 첫마디가 '너 김명대 아들이냐'였다. 김덕수는 김운석의 장구 치는 모습만 보고도 알아차렸던 것이다. 그날 김덕수가 일행에게 고기를 사주어서 배가 터지게 먹었다. 경연을 계속하면서 잘한다는 칭찬은 많이 들었지만 그래도 대통령상은 꿈도 못 꾸었다. 당시 이미 11회였는데 농악을 바탕으로 하는 대회인지라 지난 10년 동안 앉은반에 대통령상을 준 적이 한 번도 없었다고 했다. 심사위원들도 주로 농악을 하는 분들이었다. 농악은 수십 명이 악기연주와 놀이를 함께 공연하는데 용봉패는 단 여섯 명이 앉아서 타악을 두드릴 뿐이었다. 그래도 워낙 관중의 반응이 좋으니까 방송국에서 인터뷰를 나왔다. 촌놈 김운석과 용봉패는 인터뷰까지 하고 본선에 진출했다. 마지막 날 대상후보로 예술종합학교, 남원농악, 그리고 강릉에서 온 용봉패가 올랐다. 그것만으로도 놀라운 일인데 결국 용봉패가 대통령상을 받게 되었다. 기적이 일어난 것이다. 학교에서 야단이 났다. 그때부터 부모님들도 호의적이 되었다. 덕분에 용봉패팀들은 결혼해서 외국으로 간 하유리를 제외하고 모두 국악과로 진학하게 되었다.

고등학교 내내 김명대를 보지 못했다. 그러다가 다시 만난 것은 2004년 1월 고등학교를 졸업하던 해였다. 그 후 1년 정도 함께 있다가 다시 김명대는 '먼 곳'으로 떠났다. 고등학교 졸업 후 김운석은 대학 갈 계획이 없었다. 경제적인 문제도 있었지만 '어차피 나는 굿을 할 텐데, 무당에게 대학이 무슨 필요가 있나' 라는 생각이었다. 그래서 돌아온 김명대에게 열심히 굿을 배웠고 굿만 열심히 했다. 그러나 다시 선생이 떠나자 김운석은 마음을 바꿔 대학에 들어갔다. 한국예술종합학교 전통연희과에 강릉단오굿 전공으로 입학한 것이다. 대학에서는 졸업할 때까지 무속 셋, 탈춤 셋, 농악 셋 그리고 전문연예집단 등 열 개 분야를 공부해야 했다. 김덕수(사물놀이), 전숙희(민요), 박병천(진도씻김굿), 김정희(동해안별신굿) 등 좋은 선생님에게서 많은 가르침을 받았다. 다른 분야에 대한 지식은 단오굿을 하는데도 큰 도움이 되었다. 김운석은 학교를 다니면서도 가끔 강릉에 내려와 김명광이 맡은 굿에 다녔다. 돈도 필요했지만 현장의 감각을 잃지 않는 것이 더 중요했다. 김운석은 공부를 계속하여 현재 전통예술종합학교 대학원 석사과정에 재학 중이다.

　김운석은 세습무가 출신이 아니지만 강릉단오굿 말고도 사정이 허락하는 한 보존회 회원들이 맡는 거의 모든 굿에 참여하고 있다. 빈순애가 맡은 굿은 물론이고 김장길이나 신길자가 맡은 굿에도 불려 다닌다. 이미 양중으로 인정을 받은 것이다. 처음 한 장구바라지는 신길자의 손님굿이었다. 경상도에서 하는 별신굿이었는데 규모는 무박2일로 작았고, 다행히 별로 구경꾼이 없었다. 어찌할 바를 몰라 그냥 동상풀이 장단으로 '에아 손님아'만 되풀이했다. 모두 그렇게 시작한다고 하지만 지금 생각해도 어이없고 창피하다.

　굿을 다닌 지도 어느새 15년이 되었다. 하지만 여전히 굿은 만만치 않다. 유일하게 마음이 편한 굿이라면 빈순애가 맡은 굿 정도이다. 빈순애의 굿에는 푸너리회원들이 많이 가고 그중에서 본인이 제일 나이가 많으니까 눈치 볼 일이 별로 없기 때문이다. 하지만 김장길이나 신길자가 맡은 굿에서 바라지를 하려면 늘 걱정이 앞선다. 신길자는 김용택과 함께 다니는 경우가 많고, 김장길은 본인이 굿을 맡는다. 김용택, 김장길 모두 하늘같은 선생님들이다. 한 가락이라도 잘못 치면 웃음거리가 될 수 있으니 긴장할 수밖에 없다. 송명희도 무서웠다. 송명희는 무가는 물론이고 민요 하나를 불러도 바라지에 신경을 써야 했다. 어릴 때부터 굿판에 다닌 터라 눈치는 있는 편이지만, 남의 굿에 가면 아직은 모두가 눈치다. 악기 치는 것, 바라지하는 것, 밥 먹는 것까지. 죽으나 사나 굿판에서는 눈치가 빨라야 한다.

　김운석이 이렇게 굿판에서 눈치를 본다는 말은 두 가지로 해석할 수 있겠다. 우선 세습무가 아니기에 아직 굿판에서 주인의식을

김운석

갖지 못한 것일 수 있다. 어릴 때부터 부모 형제 친척이랑 굿판에서 성장한 세습무는 굿판이 가장 익숙하고, 정서적으로도 안정감이 있다. 사실 양중들은 엄마 뱃속에서부터 들어온 무악 속에서 평생을 사는 게 아닌가. 하지만 김운석은 입장이 다르다. 설령 외할머니가 무당이었다고 해도 전라도에서의 일이고 신들린 무녀이기에 세습무 집안과는 아무 관계가 없다. 다만 빈순애나 김명대, 그리고 푸너리 회원들이 있는 굿판에서는 식구처럼 지낸 지 오래되었고 동질감을 나눌 수 있기에 편한 것으로 보인다. 그러나 전혀 다른 측면의 해석도 가능하다. 김운석은 이미 양중이기에 굿판에서 눈치를 보는 것일지 모른다는 것이다. 단순히 장구나 꽹과리를 치러 간 자리라면 장단만 틀리지 않으면 될 일이다. 하지만 굿은 그렇지가 않다. 정말 신경 쓸 일이 많은 게 굿이다. 장구바라지를 할 때는 지모의 상태, 굿의 순서, 다른 악사나 지모들, 그리고 구경하는 사람들까지 모두 살피면서 진행해야 한다. 신경 쓸 일이 많으니 무엇보다 눈치가 빨라야

실수를 줄일 수 있는 것이다. 어쩌면 김운석의 눈치는 양중으로 가는 과정일 수도 있겠다. 좀 더 경험이 쌓이면 그 역시 굿판이 집처럼 편안하게 느껴질 날이 올 것이다. 그래서 단단한 삶의 뿌리에 앉아 있는 안정감을 가지고 굿하는 진짜 양중이 될 것이다.

　요즘 김운석은 김명대의 가락을 정리하고 있다. 사람들이 쉽게 이해할 수 있도록 기본 장단부터 정간보 작업을 하는 중이다. 김명대의 장구를 보면 열채 사용이 다른 사람과 다르다. 양중 가운데는 궁채의 비중이 많은 사람과 열채의 비중이 많은 사람이 있는데 실상 모든 가락은 열채에서 나온다. 김명대의 장구에는 이 둘이 적절히 섞여있다. 궁채와 열채의 비율이 적절해서 가락의 배합이 잘 맞는다. 투박한 무속의 맛은 가지고 있지만 가락을 인식하는 것 자체가 매우 세련된 느낌을 준다. 김운석이 본 김용택의 가락은 남성적이다. 물론 무속 고유의 자유로움이 있지만 투박하고 정형화된 박 속에서 크게 벗어나지 않는다. 거기에 비해 김정희는 여성적인 느낌을 준다. 김명대는 남자와 여자 둘이 골고루 섞인 느낌이다. 김석출은 모든 장단을 소리화한다는 인상을 준다. 지모가 징을 칠 때 자기만의 구음 방식을 가지고 치듯이 김석출의 장구에는 소리적인 느낌이 있는 것 같다. 김명대 역시 김석출처럼 타악을 기악화하는 특징이 있다. 장단을 가르칠 때 구음의 운율을 넣어서 가르친다. 김운석은 그 방법이 두고두고 많은 도움이 되었다고 한다.

　김장길의 장구는 연주와 상관없이 오로지 무녀를 위한 것이다. 김장길이 옛날 전통적인 양중어르신의 모습을 가장 많이 갖고 있는 것 같다. 세련되지는 않았지만 원형보존이 잘 된 장구라고 생각한다. 전체적으로는 김용택보다 느리다. 김용택의 장구는 세련미가 있는데 학생들을 많이 가르치면서 바뀌었을 가능성이 있다. 굿바라지라는 측면에서 볼 때 김운석은 양중의 장구가 너무 빠르면 안 된다고 생각한다. 김운석의 평을 살펴보면 스승인 김명대에 대한 점수가 가장 후하다. 김명대는 김석출, 김장길, 김용택의 장점을 모두 모아놓은 느낌이라는 것이다. 너무 빠르지 않아 여유가 있으면서 남성성과 여성성을 고루 갖추고 소리의 느낌을 주는 김명대의 장구는 언제들어도 김운석을 긴장시키고 재미있다. 굿판에서 김명대가 장구 앞에 앉으면 꽹과리를 든 김운석의 시선은 항상 선생에게 고정되어 있다. 자유롭게 변주하는 김명대의 장구를 지켜보는 제자의 눈은 하나도 놓치지 않겠다는 듯 날카롭지만 가끔씩 감탄의 표정이 스쳐간다. 그래서 김명대는 김운석의 선생인 것이다. 요즘 사물놀이 공연을 갈때는 김운석이 장구를 잡는다. 형편이 되면 쇠는 꼭 김명대에게 부탁한다. 김명대랑 앉아있으면 맘대로 쳐도 다 받아주기 때문에 신나고 재미있다. 물론 김명대가 순순히 따라나서는 법은 없다. '굿판이야 내가 뛰지만 사물놀이 할 나이냐!' 불평을 하지만 여전히 사제 간의 마음 맞는 공연은 즐겁다.

현재 김운석은 집안의 실질적 가장이다. 연로한 아버지는 뇌경색으로 누워있고 어머니 역시 지병이 많아 고생하고 있다. 본인도 이런저런 사고를 많이 겪었다. 예민한 편이어서 스트레스를 많이 받는다. 서른을 넘기면서 가족들, 결혼, 학업, 미래의 위치 등등 생각할 일도 많다. 살림뿐 아니라 학비도 벌어야 하기 때문에 김운석은 신자(강신무)들 굿에도 불려 간다. 주로 삼척의 우씨 박수가 주관하는 굿에서 장구를 쳐준다. 이런 사람을 손재비라고 하는데, 서로 손을 맞춰 늘 함께 하는 관계를 말한다. 삼척의 박수는 무녀로 빈순애를 청하기

때문에 함께 가는 경우가 많다. 이런 김운석의 활동은 전통적인 양
중과 별로 다르지 않다. 마을단위의 굿이 줄어들면서 양중들도 신
자들의 굿에 참여하는 빈도수가 높아지는 추세다. 요즘 굿은 신통력
을 무기로 하는 강신무들 차지이다. 그러나 강신무들은 굿학습이 부
족해서 숙련된 무당이나 양중을 필요로 하기에 서로 도움을 주고받
는 것이다.

김운석은 〈푸너리〉의 예술 감독을 맡고 있다. 가장 많이 연주하
는 '무속사물놀이'는 강원도, 경상북도, 경상남도 3개 지역의 굿음

〈흐르게 두다 류〉, 2011

〈상상 그리고 공감을 이끌다〉, 2012

악을 연주에 적합하도록 구성한 것이다. 언제 어디서 공연해도 수준 높은 음악성을 보여줄 수 있다고 자신한다. 2012년부터 기획공연으로 하고 있는 〈상상 그리고 공감을 이끌다〉는 김명대가 연출하고 김운석이 조연출을 맡았다. 단순히 음악만 연주하는 것이 아니라 총체적인 공연물을 기획한 것은 처음이지만 반응이 좋아 매년 공연을 올리고 있다.

현재 〈푸너리〉는 정체성을 쌓아가는 단계라고 본다. 사실 요즘은 음악적으로 동해안별신굿이나 강릉단오굿을 콘텐츠로 하는 팀이 많다. 그래서 〈푸너리〉는 양중나 지모로서, 우리만이 할 수 있는 음악을 해보자고 이야기한다. 관객의 성향을 분석할 필요도 있다. 서울에서 원하는 음악과 강릉에서 좋아하는 음악에 차이가 있기 때문이다. 강릉에서는 좀 더 대중화된 음악을 할 필요가 있다고 생각한다. 김운석도 선생 김명대처럼 양중과 음악인 두 개의 역할을 해내는 중이다. 이 둘의 조율은 쉽지 않다. 그래서 젊은 날의 선생 못지않게 김운석도 지금 불안하다. 서울의 친구들도 김운석이 어딘가 급하고 불안해 보인다고 이야기한다. 김운석의 삶은 곧 음악이다. 음악이 가장 즐겁고 평생 음악만 하면서 살고 싶다. 하지만 김운석 음악의 바탕은 굿에 있다. 결코 굿을 떠날 수 없다. 아직 우리 사회에서는 양중의 위치가 폄하된 면이 있다. 스스로 양중이라고 생각하는 김운석이 편치 않은 이유일 것이다. 그러나 김운석이 현실을 피하지는 않을 것 같다. 바로 그 부분이 '앞으로 풀어가야 할 숙제'라고 생각한다면서 김운석은 담담히 미소 지었다. 선생이 그랬듯이 그도 불안한 시간을 보내야하겠지만, 선생처럼 길게 돌고 돌지는 않을 것 같은 믿음을 주는 미소였다.

3) 김일현

김일현은 1987년생, 강릉출신이다. 둥글둥글한 인상이지만 목소리는 차분하고 진지하다. 초등학교 5학년 때 특성화 교육의 하나로 사물놀이를 배운 것이 이 길의 시작이었다. 관동중학교에 진학했는데 학교에 사물놀이부가 없었다. 적극적인 성격인지라 친구 6명을 모아 학교에 신청했다. 사물놀이

김일현

부 강사로 안병현 관노가면극 전수교육조교가 왔다. 당연히 사물보다 탈놀이를 배우게 되었다. 양반과 장자마리를 배웠고 가락도 익혔는데 강릉농악과 비슷했다. 별로 재미를 못 느껴서 다시 학교에 사물놀이가 배우고 싶다고 했더니 강사를 박현수로 바꿔주었다. 박현수는 김명대의 누나 김순희의 아들로, 신석남의 외손주이다. 방과후 활동으로 삼도사물놀이, 웃다리, 모듬북 등을 배웠는데 곧잘 했는지 박현수가 제대로 공부해 볼 생각이 없냐고 권유했다. 그 때부터 김명광이 대표로 있던 풍물단 〈한무리〉에서 본격적으로 배우게 되었다. 중학교 1학년 2학기 무렵이었다. 〈한무리〉의 선생으로는 김명광, 박현수 외에도 송정환과 김영준이 있었다. 김일현 보다 3살 위인 이승훈과 강일여고, 동명중학교, 관동중학교 학생들이 함께 배웠다. 강릉단오굿에는 중학교 2학년 때 처음 나왔다. 한복을 해주어

서 입고 굿판에 앉아 있었다. 그러나 아직 가락을 몰라서 앉아있기만 했을 뿐이고, 관심도 여전히 사물놀이에 있었다.

김명대를 처음 만난 것은 고등학교 2학년 때였다. 지금도 쓰고 있는 강릉단오제보존회 무속악사실 중앙에 앉아서 장구 치는 모습을 보았다. 푸너리를 치는데 어떻게 저렇게 칠까 멋있고 풍기는 카리스마는 무서웠다. 그때까지도 아직 무속악에는 관심도 없고 잘 몰라서 사물놀이 장구 치는 게 더 멋져보였다. 김일현은 제일 막내라서 사무실에 오면 먼저 신발 정리하고 청소를 했다. 김명대가 장구를 치면 넋 놓고 보다가 공연동에 내려가 연습하곤 했다. 열심히 하는 것을 인정받아 2005년 〈푸너리〉단원이 되었다. 제일 먼저 배운 것은 징이다. 처음에는 언제 쳐야하는지 몰라서 선생이 다리 드는 것을 보고 징을 치곤했었다. 공연을 하나 굿을 가나 그렇게 7~8년을 징만 쳤다고 한다.

김일현은 목포에 있는 대불대학교 전통연희과 출신이다. 4년을 목포에서 살았지만 〈푸너리〉동료인 설희수, 박순여와 함께 다녀서 서로 힘이 되어주었고 외롭지 않았다. 원래는 장단에 관심이 있어서 수원대학교 국악과로 진학했었다. 국악타악이 하고 싶었다. 관현악 퍼커션도 좋고 정악이나 민속악도 배우고 싶었는데 정작 학교에서는 농악만 가르치는 것이었다. 상모 돌리고 선반을 시키는데 영 맞지 않았다. 한 학기 다니고 그만두고는 결국 전통연희 쪽으로 바꿔 대불대학교를 가게 되었다. 대불대학교의 강사로 나오던 김명광에게 단오굿의 청보장단을 배웠는데 무악공부는 이때가 처음이었다. 학교에서는 다른 지역의 음악도 다양하게 접할 수 있었다. 소리북도 배우고 우도굿, 삼천포농악, 웃다리 등 여러 지역의 농악장단도 배웠다. 씻김굿은 인간문화재 박병천과 그의 아들 박성훈에게 배웠다. 방학이면 강릉에 돌아와 김명대와 김운석에게 굿장단을 익혔다. 김명대가 가르치는 방법은 독특하다. 먼저 혼자 장단을 구음과 함께 쳐준다. 그걸 보고 제일 먼저 따라하는 사람은 김운석이다. 김운석이 김명대의 장구를 따라 치면 다시 김일현을 비롯한 몇 명이 그걸 보면서 따라 치는 방식이었다.

중학교 때 잠깐씩 단오굿판에 앉아있기는 했지만 본격적인 굿참여는 대학교 2학년 때 부터이다. 단오굿에서 징도 치고 꽹과리도 치는 약바라지를 하고 지탈굿에도 참가했다. 탈굿은 김명대, 김장길, 김용택이 했던 동영상을 보고 배웠다. 대사 있는 역은 아니고 어릿광대 노릇을 하는 어둥이역을 맡았다.

김일현이 첫 대미바라지를 든 것은 대학교 4학년인 2010년, 강릉단오굿이었다. 빈순애 축원굿의 바라지를 하게 되었다. 24살. 바라고 바라던 순간이었다. 그러나 막상 장구 앞에 앉으니 아무 생각이 안 들고 얼굴, 등 할 것 없이 온 몸에 땀만 흘렀다. 장구로 멋진 가락도 보여주고 싶고 제대로 자신을 드러내고 싶다고 생각했었지만 실제 앉아보니 정신이 하나도 없는 것이었다. 그저 빈순애 눈빛 하나 하나 싸인에 맞춰서 빨라져라, 넘어가라, 지모가 몸짓을 통해 보여주는 대로, 시키는 대로 장구를 쳤다. 눈 한번 깜박이면 2장으로 넘어가고 뒤에서 얼씨구 한번 해주면 넘어가고 그렇게 이끄는 대로 칠수밖에 없었다. 하지만 원래 굿은 장구잡이가 지모를 이끌어야 하는 법이다. 이제는 웬만큼 지모가 편하게 굿을 할 수 있도록 장구를 치게 되었다. 그렇게 되기까지 한 2년 걸린 것 같다. 김일현은 최근 단오굿에서 신길자의 축원굿과 박금천의 세존굿 바라지를 한다. 축원굿이야 기본으로 배우는 것이지만 세존굿은 지모와 단 둘이 제마수 장단으로 굿을 끌어가야 한다. 제마수는 대학교 3~4학년부터 배웠다. 그동안은 〈푸너리〉 소속 무녀들과 연습하면서 시기를 기다렸다. 드디어 기회가 주어져서 단오굿에서 직접 하게 된 것이다. 박금천의 세존굿 바라지는 2년 전에 시작했다. 박금천은 목청이 높아서 계속 소리 지르면서 바라지를 해야 하는데 그게 참 재미있다. 박금천은 김일현의 장구가 깊다고 평했다. 바라지소리도 깊고 사람도 깊단다. 무엇보다 섬이 좋아서 앞으로 좋은 양중으로 성장할 것이라고 함께 굿을 한 무녀들의 기대를 받고 있다.

평생 두고 결코 잊을 수 없는 굿도 있다. 2012년 가을 강사리 별신굿이었다. 송명희의 마지막 심청굿 바라지를 한 것이다. 김명대가 장구를 치다가 피곤했는지 '한숨 자고 올 테니 해봐라. 네가 언제 송명희 선생님 바라지를 해보겠느냐!' 기회를 줬다. 굿은 밤 12시부터 시작했다. 잠이 올 시간이지만 긴장이 되었다. 김일현은 원래부터 송명희를 좋아했다. 비록 평할 입장은 못 되지만, 청보소리도 좋고 관객을 압도하고 조근조근 이야기하는 톤인데도 그 목소리가 또박또박 잘 들리는 게 좋았다. 정말 영광이었다. '아 심청아' 바라지를 하면 송명희가 흐뭇하게 웃으면서 '잘 한다' 마이크에 대고 한 마디씩 칭찬도 해주었다. 새벽 2시쯤 되니까 신이 오른 김일현이 김명대를 따라하려고 '아하하하 심청아' 하면서 좀 목소리를 굴려봤다. 그랬더니 송명희가 마음에 안 들었는지 빼라고 하는 것이었다. 그것도 무가 속에 넣어서 '하…. 는 빼라' 하면서 노래를 했다. 그래서 얼른 접었다. 송명희는 장구의 복판을 치는 것을 싫어했다. 복판을 치면 까랑까랑 소리가 나니까 본인의 목소리가 묻힐 수 있기 때문이다. 애송이가 장구를 잡으니 변죽을 치고 뒷바라지도 작게 하라고 주문했다. 하지만 사이사이 김일현을 가리키면서 '장구 잘 친다, 이런 젊은 이들이 이제 남은 귀한 보물들'이라면서 칭찬을 해주었다. 그 해를 넘기지 못하고 송명희는 세상을 떠났다.

김일현

김일현은 굿놀이에 소질이 있는 것 같다. 재담을 잘 해서 어른들이 김일현을 '자담사이'라고 부르기도 한다. 큰 영광이다. 김일현은 김명대나 다른 선생들이 놀이하는 것을 유심히 보면서 그런 별명에 부끄럽지 않은 양중이 되고 싶다. 작년부터 지탈, 곤반놀이, 거리굿에 관한 자료를 모아서 연습하고 있다. 거리먹이는 것도 양중마다 각각 특징이 있다. 김장길이 거리먹이는 것은 꼭 한 번 봤는데 가볍지 않고 푸지다는 느낌이었다. 평소 김장길은 김일현과 〈푸너리〉의 젊은 단원들에게는 칭찬만 하는 점잖은 사람이다. 하지만 막상 일을 하면 완전히 다른 사람이 된다. 춤도 잘 추고 동네 사람들과 장난도 치는데 그 모습이 가장 멋있었다. 김명대는 소리도 잘 하지만 자담도 잘 한다. 김동렬은 욕도 좀 섞어가면서 푸지고 재미있게 끌어간다.

김일현은 2013년 봄 시너리 별신굿에서 처음으로 곤반놀이[32]에 참여했다. 굿하기 일주일 전에 갑자기 김명대가 이번 굿에서 곤반놀이를 하니 준비하라는 명령을 내린 것이다. 김명대가 도리강관과 춘향이 역할을 하고 김일현은 고딕이역을 맡았다. 그때까지 실제로 곤반놀이를 본 적이 없어서 다릿돌 별신굿 책과 음원 등의 자료를 찾아보았다. 김용택과 김명대, 김정희가 한 자료를 보면서 연습했다. 막상 굿놀이를 하기 전에 다 함께 연습하지는 못했고 말로 두어 번 맞춰본 것이 전부였다. 당시 김명대가 고딕이가 되어서 '강관님요!' 하던 역할을 그대로 흉내 내서 했는데 비슷하다는 칭찬을 들었다. 세존굿 뒤에 나오는 중잡이놀이도 했다. 특별한 대사는 없고 사촌 중의 하나로 등장해서 바보 같은 동작으로 사람들을 웃기고 개인놀이를 보여주기도 한다. 단오굿에서는 다른 마을의 별신굿보다 굿놀이를 점잖게 하는 편이다. 관중의 반응도 약하다. 그래서 김일현은 더욱 단오굿에서 제대로 된 굿놀이로 사람들을 웃기고 싶다. 굿놀이야말로 온전히 양중의 몫이 아닌가. 그 몫을 꼭 살리고 싶은 것이다.

김일현은 일찍 결혼했다. 처는 굿을 배울 생각이 없지만 세 살 박이 큰아들이 악기를 좋아한다. 버나도 돌리고 징이든 장구든 보기만 하면 두드리는데 그렇게 흐뭇할 수가 없다.

초등학교와 고등학교에서 풍물을 가르치는 것이 주 수입이다. 그

---

32 천왕굿 뒤에 하는 굿놀이의 명칭이다. 도리강관굿놀이라고 한다. 신임사또 부임을 앞두고 하인 고딕이가 상관들을 골탕 먹이면서 풍자하는 내용이다. 마지막에 춘향놀이가 따른다.

〈상상 그리고 공감을 이끌다〉, 2014

러나 김일현의 미래는 〈푸너리〉에 있다. 전통음악에 기반을 두고 대
중성이 있는 음악을 만들고 싶다. 강릉과 서울의 국악수요는 차이가
있는 것 같다. 일반화시켜 말한다면 강릉은 관객과의 소통을 중시
하는 반면 서울은 좀 더 진지한 음악성을 추구한다. 그러나 김일현
은 관객과의 소통이 먼저라고 본다. 그 후 강릉뿐 아니라 서울에서
공연해도 재미있다는 평을 듣는 음악을 하고 싶은 것이 김일현의 꿈
이다. 그냥 악사였다면 굿에 관심을 갖지 않았을 것이다. 지모들의
소리도 귀에 들어오지 않았을 것이다. 지금 김일현은 양중이 되어가
는 과정이다. 이미 양중이라고 불러주는 사람도 있지만 스스로 부
족한 것을 잘 알기에 김일현은 오늘도 열심히 연습실과 굿현장을 오
가면서 학습꾼의 길을 가고 있다.

4) 김민석

김명대의 막내아들인 김민석은 1993년에 태어났다. 어머니가 타
악을 하고 있어서 어릴 때부터 국악과 친근한 환경에서 성장했다. 어

머니는 지금도 국악예술강
사이고 공연도 다니고 있
다. 다섯 살 때쯤 인가, 단
오굿판에서 꽹과리를 친 기
억이 난다. 물론 그냥 어른
들 하는 것을 보고 따라 친
것뿐이니 재롱이라고 봐야
할 것이다. 하지만 김민석
의 이런 모습은 공통적인
양중의 어린 시절이기에 새
삼 그의 가계를 떠올리게

김민석

한다. 부모의 이혼으로 김민석은 초등학교 1학년 때 아버지와 헤어
졌다. 본격적으로 음악을 시작한 것은 초등학교 3학년부터이다. 여
름방학 캠프에서 처음 소고를 배웠다. 그때부터 어머니의 적극적인
권유로 농악을 시작했다. 방학마다 농악캠프에 참여하고, 주말이면
서울에 올라가 공부했다. 종목은 소고로, 이윤구 선생에게서 사사
했다. 결국 김민석은 서울에 있는 국악예술중학교에 입학, 어린 나
이에 유학생활을 시작했다. 김민석은 국악예술고등학교로 진학하
였고, 현재는 한국예술종합학교 재학 중이다. 국악인으로서 엘리트
코스를 밟고 있는 셈이다. 제도교육의 혜택을 거의 누리지 못한 김
명대와 비교할 때 부자의 차이는 극명하다.

그러나 김민석은 굿으로 자신의 진로를 택했다. 온전히 김민석
스스로 내린 결정이었다. 중학교에 이어 고등학교에 진학해서도 김
민석은 어릴 때부터 배운 농악의 소고잽이를 했다. 하지만 2학년 때

〈동해안별신굿〉, 1997

진로를 바꾸었다. 김민석은 아버지를 찾아갔고 굿을 배워 결국 강릉 단오굿 전공으로 대학에 들어갔다. 김민석이 아버지를 찾아간 것이 그때가 처음은 아니었다. 중학교에 입학한 뒤 아버지에게 인사를 간 적이 있었다. 당시 김용택과 아버지가 연주하는 〈푸너리〉 공연을 보고 매력을 느꼈다. 갈수록 굿음악이 좋아지고 해보고 싶었다. 한편 당연히 내가 해야 할 일인데 놓치고 있는 것은 아닌가 하는 생각도 들었다. 누구에게도 말하지 않았지만 김민석은 계속 갈등하고 있었고, 중3 때에는 굿을 공부할 생각으로 단오제보존회를 찾아간 적도 있었다. 그렇지만 어머니의 뜻을 따라 소고 전공으로 고등학교에 진학한 것이었다. 하지만 여전히 마음을 잡을 수가 없었다. 오히려 고등학생이 된 김민석은 진지하게 본인의 진로를 고민하게 되었다. 어머니는 소고를 오래 했으니까 그 전공으로 대학을 가라고 했지만 김민석은 굿이 배우고 싶었다. 무가의 자식으로 태어났으니 당연히 굿도 잘 하리라는 자신감도 있었다. 결국 김민석은 진로를 바꾸어 농악이 아니라 굿을 공부할 수 있는 전통연희과로 진학하기로 마음먹었다.

2010년부터 일 년 정도 김명대의 제자 김운석에게 무악을 배워 대학에 들어갔다. 입학시험의 실기는 천근소리와, 세존굿의 바라춤, 삼오장, 대미장단을 했다. 청보일장 소리는 떨려서 못하고 제마수만 했던 기억이 난다. 굿에 처음 참여한 것은 고등학교 3학년, 강릉단오 굿에서 약바라지[33]를 했다. 제대로 바라지를 든 것은 2012년 단오굿 가운데 빈순애의 축원굿이다. 요즘은 빈순애의 딸 김은영이 굿을 할 때마다 대미바라지를 한다. 경력에 비해 바라지 드는 것이 빠르 다. 본인도 일종의 프리미엄이라고 생각한다. 〈푸너리〉에는 2013년 정식으로 입단했다.

김민석은 김석출이나 송동숙 같은 어른을 만난 적이 없다. 두 분 다 이미 돌아가셔서 영상이나 음원으로 접했을 뿐이다. 직접 만난 사람은 김용택과 김장길 뿐이고, 실제로 가장 많이 배운 선생은 김 운석이다. 대학입시 작품을 짜준 사람도 김운석이니 양중계보에서 한창 밑인 셈이다. 그렇지만 나름대로 양중들의 특징을 파악하고 있 었다. 김장길은 기본적으로 천천히 치고 열채보다 궁채가 많다. 이에 반해 김용택은 열채가 도드라지고 속도는 중간쯤 된다. 아버지는 궁 채, 열채가 반반으로 잘 섞어서 치고 속도는 좀 빠른 편이다. 하지만 느리게 갈 때는 느리게 가고 빠르게 갈 때는 엄청 빠르게 하는 유연 성이 있다. 아버지는 장구도 좋지만 특히 소리가 와 닿는다. 바라지 할 때 소리가 멋있다. 김민석 역시 소리가 좋다는 평을 듣고 있다. 악 기는 연륜에 비해 잘한다고 하지만 김운석같은 선생을 따라가기 버

---

33 약바라지는 굿판에서 장구 외의 악기연주를 말한다.

겁다. 그러나 타고난 목소리가 앞으로 양중으로서의 기대를 걸어보게 한다는 것이다. 본인의 생각은 어떨까. 세습무가의 자식이라고 우대받고 싶은 생각은 없다. 하지만 본인이 누구보다 더 잘해야 한다고 다짐한다. 이게 바로 마지막 정통세습무가의 자존심이 아니겠는가.

김민석의 길은 아직 멀다. 먼저 군대부터 마쳐야 하고 그리고 대학 졸업도 해야 한다. 김민석은 강릉출신이지만 주로 서울에서 학교를 다녔고 굿경험도 짧다. 정서적으로는 〈푸너리〉 단원 가운데 가장 도시적이라고 볼 수도 있겠다. 공부를 마친 후 과연 김민석은 어떻게

김민석

진로를 정할까. 서울의 친구들과 함께 음악을 하고 싶은 생각도 있지만 일단은 강릉에서 공부를 계속할 예정이다. 강릉에는 〈푸너리〉라는 기가 막힌 팀이 있다. 함께 음악하면서 양중의 길을 가게 될 것 같다고 한다. 아직 앳된 얼굴이어서 그런지 훗날 김민석이 굿판에서 할머니들 상대로 진한 농담을 주고받으며 능청능청 장구 치는 모습을 상상하기는 쉽지 않다. 과연 김민석이 강릉지역사회에 뿌리를 내리고 집안 대대로 내려온 강릉단오굿의 전통을 이어갈지 아직은 미지수이다. 하지만 김민석은 김명대의 아들이고 신석남의 손자이다. 또 강릉에서 유일한 차세대 세습양중이기도 하다. 앞으로 김민석이 어떤 음악을 하던 그 뿌리는 강릉단오굿에 있을 것임은 분명하지 않을까.

2장
강릉단오굿의 음악

이용식

전남대학교 국악학과 교수

강릉단오제는 1967년에 중요무형문화재 제13호로 지정되었었고, 2005년에는 유네스코 인류무형문화유산에 선정되었다. 강릉 단오제가 이렇게 문화적으로 우수한 문화유산으로 꼽히는 데에는 단오제의 핵심인 무당굿이 결정적 역할을 한다. 강릉단오제의 무당굿, 즉 단오굿은 무녀의 노래와 춤, 그리고 양중(남성 악사)의 반주 음악과 각종 굿놀이巫劇가 어우러지는 악가무극樂歌舞劇의 종합예술이다. 굿의 오랜 역사만큼이나 굿에서의 악가무극은 오래된 것이고, 많은 예술장르가 발전하는 모태가 된다. 강릉단오굿의 굿은 타악기로만 반주되는데, 보통 두 대의 꽹과리와 장구·징·바라[1]가 하나씩 편성된다. 강릉단오굿은 세습무당에 의해 전승되면서 어느 지역 무악巫樂보다도 뛰어난 음악성을 보여주는데, 특히 악사인 양중들에 의해 연주되는 타악 음악은 우리나라 어디에서도 찾아볼 수 없는 복잡하고 정교한 예술적 경지를 보여준다.

1. 강릉단오굿의 악기

강릉단오굿 음악은 기본적으로 타악기로 연주되며, 편성 악기는 장구, 꽹과리, 징, 바라, 호적이다. 이런 악기 편성은 우리나라를 대표하는 세계적 음악인 사물놀이의 모태가 되는 것으로서, 사물놀이의 북 대신에 강릉단오굿에서는 바라가 편성되는 것이다. 북은 사물놀이의 모태가 되는 농악에 반드시 편성되는 악기이기 때문에 사물

---

[1] 지역에 따라 제금이라고도 하고, 궁중과 병영의 대취타(大吹打) 악대에서는 자바라라고도 한다.

놀이에도 편성된다. 굿판에서는 북이 편성되는 경우가 거의 없고 바라가 편성되는 경우가 많다. 강릉단오굿 또한 북이 없고 바라가 편성되는 것이다.

강릉단오굿 악기 편성

강릉단오굿의 장구는 음악의 장단을 치는 악기로서 강릉단오굿뿐만 아니라 동해안 굿음악에서 가장 중요한 악기이다. 동해안 장구는 소나무로 만든 몸통의 양편에 가죽을 대는데, 일반적으로 장구는 소가죽을 쓰지만 동해안에서는 보통 개가죽을 쓴다. 그렇기 때문에 강릉의 장구는 몸통이 가늘고 짧고, 다양한 가락을 연주하기에 적합하다. 장구잽이는 단순히 음악의 반주만을 하는 것이 아니라 추임새를 통해 무당의 흥을 돋우고, 무당과 주고받는 바라지[2]와

---

2   바라지는 무가를 '받는다'는 의미로, 장구잽이가 후렴구를 부르는 것을 의미한다. 강릉단오굿에서 바라지는 의미 없는 구음(口音)을 부르는 경우도 있고, "아 헤야" "모시자 모시

대화를 통해 무가巫歌를 끌어간다. 장구잽이는 이런 다양한 역할을 통해 굿판을 전체적으로 통제하는 실질적인 지휘자의 역할을 한다. 그렇기 때문에 장구는 굿판에서 오랜 경험을 쌓은 숙련된 악사가 맡을 수 있는 것이다. 전통적으로 장구잽이는 무녀와 부부지간인 경우가 많아서 부창부수婦唱夫隨[3]의 세습무 전통을 유지한다.

꽹과리는 보통 2~4대 정도가 편성되어 다양한 변주를 만들어낸다. 실제로 강릉단오굿에서는 4대 이상의 꽹과리가 편성되기 때문에 단일한 꽹과리 가락을 채보하는 것은 거의 불가능하다. 징은 장단의 한 주기를 알리는 악기로서, 강릉단오굿 음악의 복잡한 장단을 인식하는데 징의 장단 주기는 매우 중요하다. 바라는 무녀가 연주하면서 타악 합주의 구성을 두텁게 한다. 요즘 강릉단오굿에서는 양중이 바라를 연주하기도 한다. 강릉단오굿을 포함한 동해안 굿판에는 전

강릉단오굿의 호적

자" 등의 사설을 부르는 경우도 있다.

3 부창부수는 본래 '夫唱婦隨'로 지아비가 노래를 부르고 지어미가 따른다는 뜻이지만, 굿판에서는 여성 무당이 노래를 부르고 남성 악사가 반주를 하는 것이 통례이기에 婦唱夫隨라고 한자를 썼다.

통적으로 호적이 없었다. 호적을 동해안 굿판에 처음 도입한 악사는 중요무형문화재 제82-1호 동해안별신굿의 예능보유자였던 고故 김석출金石出(1922~2005년)이다. 김석출은 장구뿐만 아니라 호적의 명인이어서 호적을 동해안 굿판에 도입한 것이다. 요즘은 강릉단오굿을 포함한 대부분의 동해안 굿판에서 호적이 편성된다.

2. 강릉단오굿의 제차와 음악

강릉단오굿은 단오를 즈음하여 단오장에 차려진 굿당에서 하는 굿을 가리킨다. 그러나 넓은 의미의 단오굿은 단오굿을 위한 제반의 절차, 즉 음력 4월 5일에 신주神酒를 빚을 때 하는 굿과 음력 4월 15일에 대관령에 올라가 대관령국사성황신을 모셔오는 굿을 포함하여 한 달 넘게 치러지는 모든 굿을 포함한다. 강릉단오굿의 제반 절차에 연행되는 음악을 중심으로 단오굿을 재구성하고자 한다.

1) 신주神酒 빚기의 굿(음력 4월 5일)

음력 4월 5일에 신주를 빚기 전에 먼저 부정을 가시고 국사성황신에게 바칠 술이 적당히 익어 맛있게 해달라는 축원굿을 한다. 신주는 강릉시 칠사당七事堂에서 빚는다. 신주를 빚기 전에 강릉시청에서 신주미神酒米 봉정식을 갖는다. 강릉단오제 깃발을 앞세우고 신주미를 모신 제관들과 무당패가 길굿을 치면서 강릉시청으로 입장한다. 무녀들은 의관을 정제하고 양중들은 옥색 도포에 흑갓을 쓰고 악기를 치면서 행진한다. 악대는 장구, 징, 꽹과리의 순서로 서

부정굿, 빈순애

고 장구 옆에 태평소가 선다. 타악기는 굿거리를 연주하고 태평소는
⟨능게⟩를 연주한다.

　제관과 무당패가 시청 앞에 도착하면 무녀가 악사들의 반주에
맞춰 부정 무가(4. 강릉단오굿 음악의 특징 참조)를 부른다. 부정 무가
는 3장으로 구성되는데, 부정 1장은 보통 빠르기의 2소박 6박 장단
으로, 징은 매 장단 1점씩 친다. 무녀가 부정 1장을 간단히 부르고
제상에 인사를 하고 부정 2장으로 넘긴다. 부정 2장은 조금 빠른 3
소박 4박 장단으로 징은 매 박에 한 번씩 친다. 부정 2장이 더욱 빨
라지면서 같은 장단구조의 부정 3장으로 넘어간다. 시청 앞에서 부
정굿을 마치면 제관들과 무당패는 음악을 연주하며 칠사당으로 행
진한다.

　칠사당에 도착하면 신주를 빚는 항아리를 당 안으로 모시고 무
당은 축원굿을 한다. 무녀는 부정 무가를 간단히 부르고 항아리의
술을 축원한다. 이어 무녀는 청보 5장에 맞춰 고사를 시작하는 무

가를 부른다. 장단은 12박(또는 3소박 4박)이고 장구잽이는 "어디야 어디야" 또는 "에야 고사야" 하는 바라지를 한다.

<보례 1> 신주 빚는 굿 (빈순애 무가/ 김명대 장구/ 이용식 채보)

무녀는 무가를 마치면 덩덕궁이 장단에 맞추어 술항아리를 향해서서 비손을 하고 제관들은 술을 빚기 위한 쌀을 항아리에 퍼 담는다. 음악은 덩덕궁이가 계속 되고, 제관들이 모든 행사를 마치고 나가면 음악은 매우 빠르게 자진덩덕궁이로 맺어서 행사를 마친다.

2) 대관령국사성황사 굿(음력 4월 15일)

음력 4월 15일에는 대관령에 위치한 성황사城隍祀에서 국사성황 신을 모셔오는 굿을 거행한다.

국사성황굿, 빈순애

(1) 국사성황굿

무녀는 먼저 성황사 앞에서 부정을 물린 후 국사성황을 모시는 굿을 한다. 제관들과 무녀들이 성황사에 도착하면 유교식 제사를 지낸다. 제사가 끝나면 악사들은 성황사 뜰에 앉고 무녀는 성황사 입구 앞에 서서 굿을 시작한다. 무녀는 오른손에 신칼을 들고 왼손에 물이 든 바가지를 들고 부정 무가를 부른다. 부정 무가의 내용은 대관령 산신님과 범일국사성황님을 4월 보름에 모시기 위해 굿판을 정화하는 의미이다. 부정 무가는 3소박 4박 장단의 매 장단에 징이 1점쳐진다. 무녀의 무가가 한 장단을 부르는 동안 장구잽이는 "영정아"

하는 바라지를 반 장단에 부른다.

〈보례 2〉 국사성황굿 중 부정 무가 (빈순애 무가/ 김명대 장구/ 이용식 채보)

부정 무가를 마치면 무녀는 오른손에 부채를 들고 청보 무가를
부르며 산신님을 모신다. 청보 무가는 청보 1장부터 시작해서 청보
5장까지 이어진다(청보 무가의 음악적 내용은 다음 장 참조). 청보 1장은
4월 보름날에 대관령 국사성황님을 모신다는 노랫말로 시작한다.

한편 무녀가 청보 무가를 부르는 동안 국사성황사 안에서는 무녀들이 손님들의 소지를 올려주면서 가정의 평안을 기원한다.

모시 자 모시 자 산 신님 네 모 시 자

대 관 령아 범일 국사 성 황님 네 모 시 자

일 년 에 한 번 씩 사 월 이 라 보름 날 에
징

대 관 령 국 사 성 황 님네 모 십 시 다
징

〈보례 3〉 국사성황굿 중 청보 1장 (빈순애 무가/ 김명대 장구/ 이용식 채보)

청보 무가를 마치면 굿패는 신장부를 앞세우고 산에 신목神木을 베러 간다. 양중들은 꽹과리, 장구, 징, 꽹과리, 호적, 북 순으로 서서 굿거리장단을 치면서 행진을 한다. 이 장단은 강릉단오제의 제반 행사에서 행진을 하면서 기본적으로 연주하는 음악이다. 굿거리장단은 3소박 4박 장단으로 징은 장단의 첫 박에 1점씩 친다. 북은 장단의 후반을 2소박 3박(♩♩♩)의 헤미올라(hemiola)로 친다.

꽹과리

장구

〈보례 4〉 국사성황굿 중 굿거리 (김명대 꽹과리/ 이용식 채보)

신장부가 신목을 발견하면 양중들의 음악은 빠른 자진굿거리장
단으로 바뀌면서 신의 강림을 기원한다. 이어 무녀가 바라를 치면서
다음과 같이 신이 내리기를 축원한다.

4월 보름날 강릉에서 이 정성을 다하여 서낭님을 모시러
왔으니 반가이 즐거이 받아 열 두 마디 가지마다 잎마다 설설
이 내리소사~

무당이 축원을 하면 신목잡이는 손을 떨어 신의 강림을 알린다.
이어서 신목을 베고, 신목을 앞세우고 굿거리장단에 맞추어 성황사
로 행진을 한다. 성황사에 도착하면 양중패의 음악이 점점 빨라지면
서 신장목을 성황사 앞에 모시고 오색천을 매달면서 축원을 한다.
이어서 성황목을 여성황사에 모시기 위해 양중패의 굿거리장단에
맞추어 행진을 시작한다.

(2) 구산서낭굿

대관령에서 강릉으로 내려오는 길에 구산서낭당에서 굿 한 석을
한다. 구산은 과거 국사성황신 행차가 내려오는 길에 어두워지면 말

구산서낭굿, 신희라

을 갈아타고 잠시 쉬어가던 곳이다. 구산서낭굿은 부정굿과 서낭굿
으로 구성된다.

　무녀는 구산서낭당 앞에 서서 청보 5장을 부르면서 굿을 시작한
다(청보 무가의 음악적 내용은 다음 장 참조). 청보 무가를 마치면 거무
장단에 맞춰 서낭당 앞에서 춤을 추면서 축원을 한다. 이어서 술을
뿌리면서 서낭당 주위를 축원한다. 축원을 마치면 무녀들은 지신밟
기 노래를 합창하는데, 무가의 노래와 양중들의 타악이 두 장단씩
교대된다.

에 헤라 지신 아　동 방에는 청 제지 신__

〈보례 5〉 구산서낭굿 중 지신밟기 (무녀 합창/ 이용식 채보)

(3) 학산서낭굿

학산서낭굿, 빈순애

학산은 대관령국사성황으로 좌정한 범일국사가 태어난 마을이다. 학산서낭굿은 성황이 태어난 고향인 학산에 들려 인사를 하는 굿으로 1999년부터 하고 있다. 돌담과 소나무로 구성된 전통적인 서낭당에서 무녀는 부정굿과 성황굿을 한다. 음복이 끝나면 국사성황 일행은 범일국사의 어머니가 태양을 마시고 잉태했다는 전설적 석천 우물을 한 바퀴 돈 후 여성 황사로 향한다.

학산서낭굿은 유교식 제사로 시작한다. 제사를 마치면 무녀는 청보 5장에 맞추어 성황님을 모시는 무가를 부른다.

〈보례 6〉 학산서낭굿 중 청보 5장 (빈순애 무가/ 김명대 장구/ 이용식 채보)

청보 무가를 마치면 무녀는 경기민요인 〈창부타령〉을 부르면서 관객들의 흥을 돋우고, 다른 무녀들은 굿상 위의 음식을 제관들과 손님들에게 나눠준다. 무녀의 노래가 흥이 오르면서 제관들도 일어나 춤을 춘다. 춤을 마치면 무녀는 사자풀이 장단에 술잔을 굿상 주위에 뿌리면서 수부를 치고 굿을 마친다. 굿을 마치면 신장대를 앞세우고 홍제동 여성황사로 행진을 계속한다.

(4) 봉안굿

학산을 떠나 중앙시장을 중심으로 강릉 시내를 한 바퀴 돈 국사성황 행차는 강릉시내 홍제동에 위치한 국사여성황사에 도착한다. 이곳에 신목과 신위를 봉안하는 굿으로 부정굿과 성황신 부부를 모시는 굿을 한다.

봉안굿, 빈순애

3) 영신굿(음력 5월 3일)

(1) 영신굿

음력 5월 3일 저녁 6시에 국사여성황사에서 국사성황과 국사여성황의 대를 내려 모셔나가는 굿을 거행한다. 이때는 부정굿, 여성황굿, 그리고 국사성황부부를 가설굿당으로 모셔가기 위한 대맞이굿을 한다.

양중들은 굿거리장단에 맞춰 음악을 연주하고 제관들은 성황사 앞에 대를 세운다. 무녀는 대 앞에서 대맞이 무가를 부른다. 대맞이 무가는 여성황에 모신 신대를 남대천의 가설굿당으로 모시는 것이다. 대맞이 무가는 3소박 4박 장단이고 무녀가 한 장단을 부르는 바라지는 반 장단을 하는 음악적 구조는 부정 무가와 같은 것이다. 무녀는 삼제관을 앞세우고 무녀가 서낭님을 모시러 왔으니 신목잡이를 통해 대를 내려오시라고 축원한다.

〈보례 7〉 영신굿 중 대맞이 무가 (빈순애 무가/ 김명대 장구/ 이용식 채보)

무가를 마치면 제관들은 신대를 들고 양중들의 굿거리장단에 맞추어 남대천 굿당으로 행진을 시작한다. 행렬이 강릉 시내로 들어오면서 풍물패가 신대의 앞에서 풍물을 치고 양중패는 신대의 뒤에서 음악을 치면서 행렬이 계속된다.

(2) 정씨 생가 굿

이어서 여성황의 친정인 정씨 생가에서 하는 굿을 거행한다. 먼저 부정을 물리고 강릉 대동의 여러 사람들과 현재 여성황의 친정집에 살고 있는 가족들을 위하여 축원굿을 한 석 한 뒤, 대를 내려 굿청으로 모셔간다.

생가에 들어오면 양중패는 마당에서 굿거리장단을 치고 무녀들은 춤을 춘다. 이어서 무녀는 대맞이 무가를 부르는데, 대맞이의 내용은 여성황의 친정집에서 한 굿을 잘 받으셨는지 알아보고 소원성취를 확인하는 것이다. 이어서 무녀는 청보 5장에 맞춰 부정을 물리는 무가를 부른다. 무녀가 무가를 부르는 동안 제관은 굿상에 절을 하고 무녀들은 소지를 올린다. 무녀는 무가를 마치면 사자풀이 장단에 맞추어 물을 굿상 주위에 뿌리면서 수부를 친다. 이어서 신목을 앞세우고 강릉 시내를 행진한다.

정씨생가굿, 박금천

4) 남대청 굿당의 굿

음력 5월 4일부터 남대천에 설치한 가설굿당에서 본격적인 굿을 시작한다.

(1) 부정굿

국사성황님을 모시고 단오굿을 하기에 앞서 부정을 물린다고 말한 뒤 부정 무가를 부르며 온갖 부정을 물린다. 마지막으로 진구업진을 한다. 무녀는 부정 무가를 부르고, 푸너리 장단에 푸너리 춤을 추고, 사자풀이 장단에 수부를 치고 굿을 마친다.

(2) 청좌굿

청좌굿은 부정을 물려 깨끗해진 굿청에 먼저 성황님을 모신 후 무속에서 신앙하는 다른 모든 신들을 청하여 좌정시키는 굿이다. 무녀는 푸너리 장단에 푸너리 춤을 추고, 청보 무가를 부르고, 거무 장단에 춤을 추고, 사자풀이 장단에 수부를 치고 굿을 마친다.

(3) 하회동참굿

하회굿, 또는 하후굿이라도 한다. 이 굿은 여러 신들 중 남녀로 되어 있는 성황님 부부가 화해하시라는 내용을 담고 있는 것으로 해석하고 있다. 즉 국사성황님과 국사여성황님이 평소에는 대관령과 강릉시내에 서로 떨어져 있지만 굿을 하는 동안은 두 분이 화해하여 한 몸, 한 마음이 되어 굿을 받으시라는 것이다. 무녀는 부정무가를 부르고, 푸너리 장단에 푸너리 춤을 추고, 청보 무가를 부르고, 거무 장단에 춤을 추고, 사자풀이 장단에 수부를 치고 굿을 마친다.

(4) 조상굿 (신길자)

여러 집안의 조상을 모시는 굿이다. 먼저 집단적인 신앙의 대상인 성황신을 모신 뒤 개인신앙의 대상이 되는 조상을 청하여 굿을

조상굿, 신길자

하는 것이다. 조상굿은 푸너리 춤과 청보 무가로 시작하는데, 청보 1장에서 5장까지 불러서 조상신을 청한다. 청보 무가를 마치면 관객의 흥을 돋우기 위한 노래를 부르는데, 굿거리장단에 통속민요인 〈창부타령〉을 부른다. 노래를 마치면 굿판의 관객을 축원해주고, "가자~"하면서 관객으로 시주 받으러 간다. 신길자 무녀가 시주를 간 사이 (신희라) 무녀가 덩덕궁이 장단에 맞춰 축원무가를 부른다. 신길자 무녀가 시주를 받고 무대에 올라와 축원무가를 부르고 굿을 마친다.

(5) 세존굿 (박금천)

시준굿이라고도 하고 여주인공의 이름을 따서 당고매기 노래라고도 부른다. 세존굿은 생산을 관장하는 신인 세존과 당금애기의 결합과정을 그린 서사무가를 노래로 구연하는 굿이다. 이때는 다른 악사들을 모두 물리고 대개 장고잽이와 무녀 단 둘이서 스토리가 있는 긴 무가를 구연하게 된다. 세존굿은 푸너리 춤으로 시작한다. 푸

세존굿, 박금천

너리 춤을 마치면 다른 악사들은 무대 뒤로 들어가고 장구잽이와 징
잽이만 남아서 무녀의 무가를 반주한다. 세존굿은 제마수 장단에
당금애기를 부르는데, 굿을 시작하는 부분에서는 특정한 장단 없이
무녀가 낭송조로 흥얼거린다. 중이 나오는 대목부터 제마수 장단에
맞춰 노래를 부르는데, 제마수 2장과 3장에 부른다. 제마수 장단과
아니리를 교대로 길게 무가를 부르다가, 중간에 이야기의 극적 효과
를 높이기 위해 민요풍의 노래를 부르기도 한다. 예를 들어 당금애
기가 아기를 낳고 아이를 어르는 소리는 중중모리 장단에 부른다.

M.M. ♩. = 약 58-64

〈보례 8〉 세존굿 중 아이 어르는 소리 (박금천 무가/ 김운석 장구/ 이용식 채보)

굿의 중간에는 삼오장 장단(4. 강릉단오굿 음악의 특징 참조)에 맞
춰 중춤을 춘다. 장구잽이가 "중아 중아 나려온다~" 하는 무가를
부르고 무녀는 중춤을 춘다. 중춤을 추다가 무녀는 중들이 바라 들

고 큰 북 들고 온다는 사설을 낭송조로 읊고서 양 손에 바라를 들고 바라춤을 춘다. (빈순애) 무녀는 앉아서 구음口音을 부르고 태평소는 능계를 연주한다. 무녀는 바라춤을 마치면 중타령을 10박 (또는 혼소박 4박)의 자삼 장단(4.강릉단오굿의 음악적 특징 참조)에 얹어 부른다.

무녀는 중타령을 마치면 제마수 3장에 당금애기 무가를 계속 부른다. 무가를 마치면 염불을 읊는다. 염불을 마치면 머리에 쓰고 있던 고깔을 벗고 "가자 가자 축원아~" 하고 축원 무가를 부르면서 관객들을 축원하고 관객석으로 시주를 받으러 간다.

세존굿을 마치면 중잡이굿을 한다.

축원굿 (신희라)

무녀는 푸너리 춤을 추고 청보 무가를 청보 1장부터 5장까지 부른다. 청보 무가를 마치면 거무 장단에 맞춰 춤을 춘다. 춤을 마치면 단가 〈갈까부다〉를 중모리 장단에 부르고, 전라도 민요인 〈새타령〉을 굿거리장단에 부르고, 경기 민요인 〈노랫가락〉을 부르고 이어서

축원굿, 신희라

굿거리장단에 〈청춘가〉와 〈창부타령〉을 부른다. 무녀가 여러 민요를
부르고 나면 수부 무가를 부르고 굿을 마친다.

M.M. ♩ = 약 88-94

〈보례 9〉 축원굿 중 노랫가락 (신희라 노래/ 김명대 장구/ 이용식 채보)

축원굿 (임선미)

무녀는 푸너리 춤을 추고 청보 무가를 청보 1장부터 5장까지 부
른다. 무가를 마치면 거무 장단에 춤을 춘다. 춤을 마치고 무녀는 단
가 〈어화세상〉을 중모리 장단에 부른다. 이어서 통속민요인 〈한강수
타령〉를 굿거리장단에 부르고 〈뱃노래〉를 굿거리와 자진굿거리장단
에 부른다. 이어서 임선미 무녀가 〈노랫가락〉을 부르고, 빈순애 무

축원굿, 임선미

녀와 교대로 〈노랫가락〉을 부른다. 이어서 유행가를 부르는데, 〈여
자의 마음〉과 〈남행열차〉를 부른다. 노래를 마치면 수부 무가를 부
르고 굿을 마친다.

M.M. ♩. = 약 58-64

처 량 도 하 구 나 어 기 야 디 여 차

어 허 야 디 여 어 기 여 차 뱃 놀 이 가 잔 다

〈보례 10〉 축원굿 중 뱃노래 (임선미 노래/ 김운석 장구/ 이용식 채보)

축원굿 (이순덕)

무녀는 푸너리 춤을 추고 청보 무가를 청보 1장부터 5장까지 부른다. 무가를 마치면 거무 장단에 춤을 춘다. 춤을 마치고 무녀는 〈한오백년〉를 세마치장단에 부르고, 〈강원도아리랑〉을 엇모리장단에 부르고, 〈경복궁타령〉, 〈청춘가〉, 〈창부타령〉을 굿거리장단에 부른다. 노래를 마치면 수부 무가를 부르고 굿을 마친다.

축원굿, 이순덕

축원굿 (김은영)

무녀는 푸너리 춤을 추고 청보 무가를 청보 1장부터 5장까지 부른다. 무가를 마치면 거무 장단에 춤을 춘다. 춤을 마치고 무녀는 통속민요 〈꽃이 피었네〉와 〈풍년이 왔네〉를 굿거리장단에 부르고, 〈뱃노래〉를 굿거리와 자진굿거리에 부른다. 이어 〈노랫가락〉을 부르고 〈청춘가〉와 〈창부타령〉

축원굿, 김은영

을 굿거리장단에 부른다. 이어 무녀는 유행가 〈무조건 달려갈거야〉, 〈청춘은 봄이요〉를 부른다. 노래를 마치면 수부 무가를 부르고 굿을 마친다.

(6) 산신굿

여러 명산의 산신들을 청하고 대관령의 산신을 모시는 굿이다. 무녀는 부정 무가를 부르고, 푸너리 장단에 푸너리 춤을 추고, 청보 무가를 부르고, 거무 장단에 춤을 추고, 사자풀이를 하고 굿을 마친다.

(7) 성주굿 (박금천)

성주는 각 집을 관장하는 주신이다. 무녀는 푸너리 춤을 추고 청보 무가를 청보 1장부터 5장까지 부른다. 무녀는 성주가 나무를 심어 큰 집을 짓는 과정을 노래와 춤, 흉내로 묘사한다. 성주굿은 무가

가 다채롭고 재미있어 인기 있는 굿이고 또 상당히 숙련된 무당이
아니면 할 수 없는 굿이기도 하다. 그렇기 때문에 중간에 여러 노래
를 부른다. 예를 들어 대목大木들이 나오는 소리를 〈상사소리〉 가락
에 중모리 장단에 부르고, 〈톱질소리〉를 중모리 장단에 부른다. 대
목들이 나오면서 부르는 〈농부가〉를 중모리 장단에 부르는데, 무녀
들이 모두 나와 한 대목씩 교대로 부른다. 〈농부가〉를 마치면 (빈순
애) 무녀가 꽹과리를 들고 상쇠놀이를 하고 열두발 상모를 흉내내어
부채를 돌리면서 풍물놀이를 한다. 무녀가 대목들의 노정을 노래하

성주굿, 박금천

는데, 〈진도아리랑〉을 세마치장단에 부른다. 이어서 〈노랫가락〉 〈청춘가〉 〈창부타령〉을 무녀들이 교대로 부른다. 무녀가 성주상이 제대로 섰는지를 보고, 축원 무가를 부른다. 축원 무가를 마치면 수부 무가를 부르고 굿을 마친다.

〈보례 11〉 성주굿 중 상사디여 (박금천 노래/ 김명대 장구/ 이용식 채보)

(8) 칠성굿 (신희라)

칠성은 인간의 수명장수를 관장하는 신이다. 동도칠성, 남도칠성, 북도칠성, 서도칠성이 인간의 수복을 돌봐준다고 되어 있다. 무녀는 부정 무가를 부르고, 푸너리 장단에 푸너리 춤을 추고, 청보 무가를 부르고, 거무 장단에 춤을 추고, 사자풀이를 하고 굿을 마친다.

(9) 지신굿

동남서북과 중앙의 오방토지지신을 모시는 굿이다. 무녀는 부정 무가를 부르고, 푸너리 장단에 푸너리 춤을 추고, 청보 무가를 부르고, 거무 장단에 춤을 추고, 사자풀이를 하고 굿을 마친다.

축원굿 (신길자)

무녀는 푸너리 춤을 추고 청보 무가를 청보 1장부터 5장까지 부른다. 청보 무가를 마치면 거무 장단에 맞춰 춤을 춘다. 춤을 추고 말로 축원을 한 후에 〈창부타령〉을 굿거리장단에 부른다. 노래를 마치면 말로 축원을 하고 사방에 절을 하고 굿을 마친다.

(10) 군웅장수굿 (빈순애)

놋동우굿이라고도 불리는데 군웅의 성격은 상당히 복합적이다. 농신을 모셔지기도 하고 외부에서 들어와 잡귀를 물리는 기능도 있는데 강릉단오굿의 군웅은 장수신의 성격이 강하다. 장수신은 욕심 많고 탐심이 많아 잘 모셔야 한다. 역사적으로 이름이 난 중국과 우리나라의 여러 장수들을 부르는 장수풀이를 한 뒤 음식을 차려 잘 대접한다. 음식가운데서는 특히 술타령이 건드러진다. 그런 장수신의 도움으로 자손들이 복 받기를 기원한다. 무가의 구연이 끝나면

군웅장수굿, 빈순애

무당은 무거운 놋동이를 입에 물어 올려 신의 위력을 보여준다. 군 웅굿은 최근 가장 인기 있는 굿중의 하나이어서 반드시 단옷날에 한다. 무녀는 푸너리 춤을 추고 청보 무가를 청보 1장부터 5장까지 부른다. 무녀는 중간에 관객의 흥을 돋우기 위해 〈노랫가락〉을 부르 고, 다른 무녀들이 함께 나와 교대로 노래를 부른다. 노래를 부르는 동안 제관들이 굿판에 좌정하면 무녀는 청보 5장에 맞추어 무가를 부른다. 청보 무가를 마치면 거무 장단에 맞춰 춤을 춘다. 무녀가 이 빨로 무거운 놋동이를 물어 신의 위력을 보여준다. 무녀가 놋동이를 물고 앉아 있는 동안에 (신길자) 무녀가 축원 무가를 청보 5장에 부 른다. 제관과 관객들은 놋동이에 시주를 한다. 무녀가 놋동이를 제 단에 놓고 덩덕궁이 장단에 맞춰 신칼을 들고 제관의 머리 위를 돌 아다니며 살을 친다. 이어서 무녀는 관객석에 들어가 관객들의 살을 치고 축원을 하고 굿을 마친다.

축원굿 (이순덕)

　무녀는 푸너리 춤을 추고 청보 무가를 청보 1장부터 5장까지 부 른다. 청보 무가를 마치면 거무 장단에 맞춰 춤을 춘다. 이어 통속민 요를 부르는데, 〈새타령〉, 〈어랑타령〉, 〈닐리리야〉 등의 노래를 부른 다. 노래를 마치면 수부 무가를 부르고 굿을 마친다.

(11) 심청굿 (김영숙)

　심청굿은 판소리 심청가의 내용과 별로 다르지 않다. 무녀는 갓 을 쓰고 손대를 어깨에 멘 차림으로 굿청에 들어선다. 굿을 하는 목 적은 눈이 밝아 고기를 잘 잡고 심청이 같은 아이 낳게 해달라는 의

심청굿, 김영숙

미가 있다고 한다. 마지막에 장님이 들어와 점을 치고 눈을 뜨는 대목이 촌극처럼 행해진다. 무녀는 심청굿 무가를 제마수 2장과 3장으로 노래한다. 심청굿은 서사무가이기에 중간에 다양한 노래를 부른다. 예를 들어 심청이가 태어나고 심봉사는 아이 어르는 소리를 중중모리 장단에 부른다. 심봉사가 물에 빠졌을 때 몽은사 화주승이 내려오는 대목은 자삼 장단에 부르는데, 3+2+3+2박으로 된 이 장단은 판소리의 엇모리장단과 같은 것이다. 남경 선인들이 배 타고 가는 대목에서는 뱃노래를 굿거리장단에 부른다. 황성 잔치에서 봉사들이 눈을 뜬 대목에서는 이를 좋아하는 노래를 창부타령 가락에 얹어 부른다. 심청굿 무가를 모두 마치면 수부 무가를 부르고 굿을 마친다.

M.M. ♩. = 약 58-64

둥 둥__ 둥 둥 둥 기 멍 둥 둥__ 둥 둥 둥__ 둥 내 딸 이 야

〈보례 12〉 심청굿 중 아이 어르는 소리 (김영숙 무가/ 김용택 장구/ 이용식 채보)

(12) 지신굿 (임선미)

무녀는 푸너리 춤을 추고 청보 무가를 청보 1장부터 5장까지 부른다. 청보 무가를 마치면 거무 장단에 맞춰 춤을 춘다. 춤을 마치고 전라도 민요인 〈남원산성〉을 중중모리 장단에 부르고, 통속 민요인 〈태평가〉, 〈한강수타령〉, 〈뱃노래〉를 이어서 굿거리장단에 부르고, 〈강원도아리랑〉을 엇모리장단에 부르고, 〈밀양아리랑〉을 굿거리장단에 부른다. 노래를 마치면 수부 무가를 부르고 굿을 마친다.

축원굿 (신희라)

무녀는 푸너리 춤을 추고 청보 무가를 청보 1장부터 5장까지 부른다. 청보 무가를 마치면 거무 장단에 맞춰 춤을 춘다. 춤을 마치고 통속민요인 〈노랫가락〉을 부르고 수부 무가를 부르고 굿을 마친다.

(13) 천왕굿 (신희라)

일명 원님굿이라고도 한다. 천왕의 성격은 명확하게 밝혀진 것이 없다. 우리나라가 명당임을 밝히고 치국잡이를 한 연후에 불교적인 천왕풀이를 한다. 그런 천왕에게 인간의 복을 발원하는 내용으로 마친다. 천왕굿이 끝나면 양중들이 들어서서 원님놀이를 한다. 무녀는 푸너리 춤을 추고 청보 무가를 청보 1장부터 5장까지 부른다. 청보 무가를 마치면 거무 장단에 맞춰 춤을 춘다. 춤을 추고 민요를 부른다. 통속민요인 〈노랫가락〉을 부르고, 노래를 마치면 수부 무가를 부르고 굿을 마친다.

축원굿 (박순여)

무녀는 푸너리 춤을 추고 청보 무가를 청보 1장부터 5장까지 부른다. 청보 무가를 마치면 거무 장단에 맞춰 춤을 춘다. 춤을 마치면 판소리 춘향가 중의 〈사랑가〉를 중모리 장단에 부른다. 이어 〈밀양아리랑〉을 세마치장단에 부르고, 〈닐리리야〉를 굿거리장단에 부른다. 이어 〈노랫가락〉을 부르고 〈청춘가〉와 〈창부타령〉을 굿거리장단에 부른다. 노래를 마치면 수부 무가를 부르고 굿을 마친다.

축원굿, 박순여

축원굿 (사화선)

무녀는 푸너리 춤을 추고 청보 무가를 청보 1장부터 5장까지 부른다. 청보 무가를 마치면 거무 장단에 맞춰 춤을 춘다. 춤을 추고 무녀는 스님 오시는 타령을 중모리 장단에 부른다. 노래를 마치자 (빈순애) 무녀가 〈창부타령〉을 굿거리장단에 부르기 시작하고, 다른 무녀들이 나와서 교대로 노래를 부르고, 축원을 한 후 굿을 마친다.

축원굿, 사화선

축원굿 (박금천)

무녀는 푸너리 춤을 추고 청보 무가를 청보 1장부터 5장까지 부른다. 청보 무가를 마치면 거무 장단에 맞춰 춤을 춘다. 춤을 마치면 판소리 춘향가 중 〈사랑가〉를 중모리와 중중모리 장단에 부른다. 이어서 〈노래가락〉을 부르고 축원을 하고, 수부 무가를 부르고 굿을 마친다.

(14) 손님굿

마마와 홍역을 가져오는 신으로 믿는 손님을 모시는 굿이다. 무녀는 손대를 들고 갓을 쓰고 굿을 하는데 이때 서사무가 손님풀이를 부른다. 무녀는 푸너리 장단에 춤을 추고, 손님풀이를 제마수 장단에 부른다. 무가를 마치면 춤을 추고 수부 무가를 부르고 굿을 마친다.

손님굿, 신길자

(15) 제면굿

무당의 조상으로 알려진 제면할머니의 넋을 청하여 대접하는 굿이다. 제면은 당골들 집을 도는 것을 의미하기도 한다. 이어 무당은 제면떡을 들에 가면 종자씨, 집으로 가면 자손들 씨앗이라면서 나눠준다. 무당에 따라서는 팔도무당이 굿하는 흉내를 내어 웃기기도 한다. 무녀는 푸너리 장단에 춤을 추고, 제마수 장단에 무가를 부른다. 무가를 마치면 춤을 추고 수부 무가를 부르고 굿을 마친다.

제면굿, 신길자

(16) 꽃노래굿

무녀들이 여럿이 나와 굿상의 꽃 두 개를 양손에 쥔다. 그리고는 꽃풀이를 하면서 원무를 춘다. 굿상의 꽃들은 신들의 세계를 상징적으로 보여준다고 한다. (박금천) 무녀는 삼공잽이 장단에 맞춰 무가를 부른다. 무가를 마치면 (박금천) 무녀의 구음에 맞춰 무녀들은 양손에 꽃을 들고 춤을 춘다.

꽃노래굿

(17) 뱃노래굿

굿당에 매어놓았던 용선을 흔들면서 무녀가 노래를 부른다. 용선은 망인이 타고 저승을 가는 배이고 신이 신의 공간으로 돌아가는 수단이기도 하다. 단오굿이 끝날 때면 대관령 쪽으로 바람이 분다고 하는데 신이 본래의 곳으로 돌아가는 것을 의미하는 것이다. 뱃노래굿에서는 굿거리와 자진굿거리로 뱃노래를 부른다.

뱃노래굿

(18) 등노래굿

등노래는 두 번으로 나뉘어 행해진다. 처음에는 초롱등노래가 있는데 무녀가 두 명씩 마주 서서 굿당에 있던 초롱 등을 들고 춤을 추며 삼공잽이 장단에 맞춰 무가를 부른다. 이 무가는 오방신앙과 불교적인 성격이 결합된 내용이다. 이어서 팔각등(또는 탑등이라고 한다)을 들고 무녀는 긴 사설을 한다. 즉 이 등을 만들기까지의 과정을 창하는데 나무를 베는 것부터 시작하여 도끼와 톱을 벼리고 마침내 등이 완성되기까지의 내용이 성주굿과 거의 같다. 등대 나무를 베러 가는

등노래굿

과정에 부르는 무가는 〈상사소리〉 가락에 중모리 장단에 부른다. 이어 산신제만을 모시는 노래를 덩덕궁이 장단에 부르고, 대관령성황님을 모시고 단오굿을 거행하는 과정을 중모리 장단에 부르고, 톱을 벼리는 모습을 덩덕궁이 장단에 춤을 추고, 톱질 소리를 중모리 장단에 부르고, 사랑가를 중모리 장단에 부른다. 관객의 흥을 돋우기 위해 유행가 〈사랑은 아무나 하나〉를 부르고, 관객석에서 남성 관객을 불러내 춤을 추게 하는 등 관객과의 호흡을 한다. 탑등의 모습을 그리는 노래를 중중모리 장단에 부르고, 덩덕궁이 장단에 탑등을 돌리는 춤을 춘다. 춤을 마치면 축원을 하고 굿을 마친다.

(19) 대내리고 환우굿

유교식 송신제에 이어 다시 대내림을 하여 국사성황님이 굿을 잘 받으셨는지 확인한 연후에 굿에 사용했던 모든 것을 태우는 환우굿으로 마친다.

이상 강릉단오굿의 제차에서 쓰이는 장

환우굿

단을 정리하면 다음과 같다.

	제차	장단
4월 5일	신주 빚기의 굿	길군악 (굿거리 / 능게) - 부정 무가 - 길군악
	칠사당의 굿	부정 무가 - 술 고사 - 비손 (덩덕궁이 - 자진덩덕궁이)
4월 15일	국사 성황굿	푸너리 - 부정굿 - 청보 1~5장 - 거무 - 축원 - 수부(사자풀이)
	구산 성황굿	청보 5장 - 거무 - 축원 - 지신밟기
	학산 성황굿	청보 5장 - 부정굿 - 축원 - 창부타령 - 수부(사자풀이)
5월 3일	영신굿	굿거리 - 대맞이 무가 - 굿거리
	정씨 생가 굿	굿거리 - 대맞이 무가 - 청보 5장 - 수부(사자풀이)
남대천의 단오굿 (5월 4일부터)		
1	부정굿	부정 - 푸너리 - 단악 - 축원
2	청좌굿	푸너리 - 청보 - 거무 - 축원 - 수부(사자풀이)[4]
3	하회동참굿	푸너리 - 청보 - 거무 - 축원 - 수부(사자풀이)
4	조상굿	푸너리 - 청보 - 거무 - 창부타령(굿거리) - 축원무가
5	세존굿	푸너리 - 제마수 - 아이 어르는 소리(중모리) - 중춤(삼오장) - 중타령(자삼) - 거무 - 축원무가
	축원굿	푸너리 - 청보 - 거무 - 단가 갈까부다(중모리) - 새타령(굿거리) - 노랫가락(노랫가락 장단) - 청춘가(굿거리) - 창부타령(굿거리) - 수부(사자풀이)

---

4   실제 강릉단오굿에서는 수부를 사자풀이 장단에 수부 무가를 길게 부르는 것이 아니고,
   "수부야~"하면서 짧게 마치는 경우도 있고, 축원을 하다가 마치는 경우도 있다.

	제차	장단
	축원굿	푸너리 - 청보 - 거무 - 단가 어화세상(중모리) - 한강수타령(굿거리) - 뱃노래(굿거리-자진굿거리) - 노랫가락(노랫가락 장단) - 유행가 〈여자의 마음〉〈남행열차〉 - 수부(사자풀이)
	축원굿	푸너리 - 청보 - 거무 - 한오백년(세마치) - 강원도아리랑(엇모리) - 경복궁타령(굿거리) - 청춘가(굿거리) - 창부타령(굿거리) - 수부(사자풀이)
	축원굿	푸너리 - 청보 - 거무 - 꽃이 피었네(굿거리) - 풍년이 왔네(굿거리) - 뱃노래(굿거리-자진굿거리) - 노랫가락(노랫가락 장단) - 청춘가(굿거리) - 창부타령(굿거리) - 유행가 〈무조건 달려갈거야〉〈청춘은 봄이요〉 - 수부(사자풀이)
6	산신굿	푸너리 - 청보 - 거무 - 축원 - 수부(사자풀이)
	축원굿	푸너리 - 청보 - 거무 - 창부타령(굿거리) - 축원
7	군웅장수굿	푸너리 - 청보 - 노랫가락(노랫가락 장단) - 거무 - 축원
8	성주굿	푸너리 - 청보 - 거무 - 상사소리(중모리) - 톱질소리(중모리) - 농부가(중모리) - 진도아리랑(세마치) - 노랫가락(노랫가락 장단) - 청춘가(굿거리) - 창부타령(굿거리) - 축원 무가 - 수부(사자풀이)
	축원굿	푸너리 - 청보 - 거무 - 새타령(굿거리) - 어랑타령(굿거리) - 늴리리야(굿거리) - 수부(사자풀이)
	축원굿	푸너리 - 청보 - 거무 - 사랑가(중모리) - 밀양아리랑(세마치) - 늴리리야(굿거리) - 노랫가락(노랫가락 장단) - 청춘가(굿거리) - 창부타령(굿거리) - 수부(사자풀이)
	축원굿	푸너리 - 청보 - 거무 - 스님타령(중모리) - 창부타령(굿거리)

	제차	장단
	축원굿	푸너리 – 청보 – 거무 – 사랑가(중모리-중중모리) – 노랫가락(노랫가락 장단) – 수부(사자풀이)
9	칠성굿	푸너리 – 청보 – 거무 – 축원 – 수부(사자풀이)
10	심청굿	푸너리 – 제마수 – 아이 어르는 소리(중중모리) – 중타령(자삼) – 뱃노래(굿거리) – 창부타령(굿거리) – 수부(사자풀이)
11	지신굿	푸너리 – 청보 – 거무 – 남원산성(중중모리) – 태평가(굿거리) – 한강수타령(굿거리) – 뱃노래(굿거리) – 강원도아리랑(엇모리) – 밀양아리랑(굿거리) – 수부(사자풀이)
12	천왕굿	푸너리 – 청보 – 거무 – 노랫가락(노랫가락 장단) – 수부(사자풀이)
	지탈굿	양중들의 굿놀이
13	손님굿	푸너리 – 제마수 – 거무 – 수부(사자풀이)
14	제면굿	푸너리 – 제마수 – 거무 – 수부(사자풀이)
15	꽃노래굿	삼공잽이
16	뱃노래굿	삼공잽이
17	등노래굿	초롱등노래굿 (삼공잽이 – 배기장) – 등대 나무 베러 가는 노래(중모리) – 산신 제만 모시는 노래(덩덕궁이) – 단오굿 하는 노래(중모리) – 톱 벼르는 춤(덩덕궁이) – 톱질 소리(중모리) – 사랑가(중모리) – 유행가 〈사랑은 아무나 하나〉 – 탑등 노 (중중모리) – 탑등 춤(덩덕궁이) – 축원
18	환우굿	

강릉단오굿의 제차[5]와 장단

5 강릉단오굿은 6일간 거행하기 때문에 실제로는 각 제차의 중간에 수시로 축원굿을 연행한다. 축원굿은 경험이 적은 무녀가 연행하며 청보 무가를 부르는 청보형 제차이다.

3. 강릉단오굿 제차의 음악형식

강릉단오굿의 모든 제차는 무당의 춤으로 시작해 노래와 춤이 어우러진다. 강릉단오굿의 각 제차는 기본적으로 푸너리 장단에 맞춰 춤을 추면서 시작해서 청보 또는 제마수 무가를 부르고 거무 장단에 맞춰 춤을 추고 사자풀이 장단에 수부 무가를 부르면서 마치는 것이 기본적인 형식이다. 각 제차에 중요하게 부르는 청보 무가와 제마수 무가를 부르는 경우를 중심으로 크게 청보 무가형과 제마수 무가형으로 구분할 수 있다.

1) 청보 무가형: 푸너리 – 청보 – 거무 – 축원 – 사자풀이

강릉단오굿 제차에서 가장 기본이 되는 형식은 청보 무가가 중심이 되는 것이다. 굿거리가 시작되면 무당이 푸너리 장단에 맞춰 춤을 추고, 춤을 마치면 청보 무가를 길게 부른다. 무가를 마치면 거무 장단에 맞춰 춤을 추고, 살풀이 장단이나 덩덕궁이 장단에 맞춰 축원을 한다. 굿거리의 마지막은 사자풀이 장단으로 수부 무가를 부르면서 마치는 형식이다.

푸너리 장단에 맞춰 춤을 추면서 시작하는 형식은 꽃노래·뱃노래·등노래굿과 탈굿(거리굿)을 제외한 거의 모든 제차에 해당한다. 청보 무가는 신을 굿판에 모시는 청신請神의 기능을 하는 무가이기에 강릉단오굿에서 가장 중요하고 많이 불리는 무가이다. 강릉단오굿의 양중 김명대는 청보의 의미가 "(신을 청하기 위해)신에게 (걸어서) 다가간다"는 의미로 '請步'라고 해석한다. 청보 무가를 부르는 청보 장단은 5장 형식으로 느린 청보 1장으로 시작해서 점점 빨라지는 다장多障 형식이다. 무가를 마치고 거무 장단에 맞춰 춤을 추는 경우는 심청굿을 제외하면 거의 예외 없이 나타난다. 사자풀이에 부르는 수부 무가는 신을 보내는 송신送神의 기능이다. 이렇게 푸너리 - 청보 - 거무 - 축원 - 사자풀이로 구성되는 청보 무가형은 청좌굿, 하회굿, 조상굿, 산신굿, 천왕굿, 축원굿, 성주굿, 군웅장수굿, 용왕굿 등 대부분의 제차에서 나타나는 강릉단오굿의 기본적인 형식이라 할 것이다.

청보 무가형의 변형은 청보 무가를 하기에 앞서 부정 무가를 부르는 부정굿에 해당한다. 부정굿은 굿판을 정화하는 기능을 하는 것으로 굿판의 부정을 물리는 부정 무가를 첫머리에 부르면서 부정 - 푸너리 - 단약 - 축원의 형식으로 된 것이다.

2) 제마수 무가형: 푸너리 - 제마수 - 거무 - 사자풀이

제마수 무가는 제마수 장단에 긴 서사무가를 부르는 무가이다. 서사무가는 신의 내력을 노래하는 무가로서 오랜 시간이 소요되고 사설이 어렵기 때문에 경험 많은 무당이 구송할 수 있는 것이다. 제마수 무가를 부르는 제마수 장단은 3장 형식으로 느린 제마수 1장으로 시작해서 점점 빨라지는 다장 형식이다. 제마수 무가를 부르기 전에 무당은 푸너리 장단에 맞춰 춤을 추고, 제마수 무가를 마치면 거무 장단에 맞춰 춤을 추고, 사자풀이 장단에 맞춰 수부 무가를 부르고 제차를 마친다. 결국 제마수 무가형은 청보 무가형의 청보 무가 대신에 제마수 무가를 부르는 형식이다. 제마수 무가형은 손님굿과 제면굿에 해당한다.

제마수 무가형의 변형은 거무 춤이 없이 푸너리 - 제마수 - 사자풀이 형식으로 된 심청굿과 푸너리 - 제마수 - 삼오장 - 굿거리 - 덩덕궁이 - 거무 - 사자풀이 형식으로 된 세존굿이 있다. 심청굿은 판소리 〈심청가〉와 같은 긴 서사무가를 부르는데, 무당이 판소리를 하듯이 장구 반주에 맞춰 3시간 이상이 소요되는 긴 이야기를 노래한다. 세존굿은 〈당금애기〉 서사무가를 부르는 제차인데, 〈당금애기〉는 〈제석帝釋본풀이〉라는 제목으로 전국적으로 널리 불리는 무가이다. 〈당금애기〉를 구송하는 과정에서는 다양한 연극적 요소가 들어가기 때문에 다양한 장단으로 노래를 부르고 춤을 춘다. 무당은 예전에는 〈당금애기〉를 부르는 과정에 고삼 장단(2소박 15박)과 자삼 장단(혼소박 4박)에 맞춰 〈고삼 염불〉과 〈자삼 염불〉 등의 노래를 부르기도 했지만, 현재 강릉단오굿에서는 제마수 장단으로만 부른다. 중간에 장구잽이가 "중아 중아 나리여 온다~"라는 노래를 하고 양중들이 삼오장을 연주하고, 무당은 중춤을 춘다. 이어 무당은 굿거리장단에 맞춰 춤을 추고 장단이 빠른 덩덕궁이 장단으로 넘어가면 바라춤을 춘다. 세존굿에서 부르는 〈당금애기〉 서사무가는 다양한 연극적 요소가 있기 때문에 중간에 다양한 장단이 들어가는 것이다.

3) 삼공잽이 - 배기장형

꽃노래·뱃노래·등노래굿은 여느 제차와는 달리 청보 또는 제마수 무가를 부르지 않는다. 이 제차는 굿을 마치는 의식으로서 무당들이 전부 나와 제단에 장식된 꽃을 양손에 하나씩 들고 노래를 부르고 춤을 추는 꽃노래굿, 탑등을 들고 노래를 부르고 춤을 추는 등노래굿, 제단에 매단 용선龍船에 긴 무명천을 매달아 무당들과 마을 사람들이 무명천을 흔들면서 노래를 부르고 춤을 추는 뱃노래굿으로 구성된다. 이 제차에서는 삼공잽이와 배기장 장단이 쓰이는데, 이들 장단은 다른 제차에서는 쓰이지 않는 장단이다.

삼공잽이 장단은 3장으로 구성된다. 삼공잽이 1장은 3소박과 2소박을 (♩+♩+♩) 단위로 무가와 악기가 교대되어 12박이 한 장단을 이룬다. 삼공잽이 2장과 3장은 12박(또는 3소박 4박)이 한 장단을 이루는데, 2장은 무가와 악기가 두 장단씩 주고 받고 3장은 한 장단씩 주고 받는다.

4. 강릉단오굿 음악의 특징

강릉단오굿의 음악은 무녀의 무가巫歌와 무무巫舞 반주음악으로 크게 구분할 수 있다. 강릉단오굿의 각 굿거리가 춤과 노래가 교대 또는 혼합되어 연행되기 때문에 이의 구분이 어려운 경우도 있지만, 기본적으로 무가와 춤 반주음악으로 구분한다. 강릉단오굿에서 연행되는 장단은 다음과 같다.

종류	장	제차
무가 장단	청보	국사성황굿, 청좌굿, 하회동참굿, 조상굿, 산신굿, 성주굿, 칠성굿, 지신굿, 군웅장수굿, 천왕굿, (축원굿)
	제마수	세존굿, 심청굿, 손님굿, 제면굿
	부정	부정굿
	사자풀이	청좌굿, 하회동참굿, 조상굿, 산신굿, 성주굿, 칠성굿,지신굿,군웅장수굿, 심청굿, 천왕굿, 손님굿, 제면굿, (축원굿)

종류	장	제차
무가 장단	삼공잽이, 배기장	꽃노래굿, 뱃노래굿 등노래굿
	동살풀이	청좌굿, 조상굿, 성주굿, 군웅장수굿, 산신굿, 천왕굿, 제면굿
	고삼, 자삼	세존굿
	살풀이, 덩덕궁이	축원
무무 장단	푸너리	부정굿, 청좌굿, 하회굿, 세존굿, 조상굿, 산신굿, 심청굿, 천왕굿, 축원굿, 성주굿, 손님굿, 군웅장수굿, 제면굿
	거무	부정굿, 청좌굿, 하회굿, 세존굿, 조상굿, 산신굿, 심청굿, 천왕굿, 축원굿, 성주굿, 손님굿, 군웅장수굿, 제면굿
	삼오장	세존굿
	굿거리, 덩덕궁이	세존굿
	드렁갱이	굿을 시작하기 전에 〈동해안 무속사물〉로 별도 연주

강릉단오굿의 장단

앞서 언급했듯이 강릉단오굿 음악의 장단은 매우 복잡하고, 양중에 따라 단위 박과 장단의 단위를 세는 것이 다르다. 이 글에서는 강릉단오굿의 양중인 김명대의 견해에 근거해 장단을 설명하고자 한다.

1) 무가

(1) 청보 무가

강릉단오굿에서 가장 중요하고 많이 연행되는 것이 청보 무가이다. 청보 무가는 국사성황굿, 부정굿, 청좌굿, 하회동참굿, 조상굿, 산신굿, 성주굿, 칠성굿, 지신굿, 군웅장수굿, 천왕굿 등의 제차에서 신을 청하기 위해 부르는 청신請神의 기능을 하는 무가이다. 청보 무가는 5장으로 구성되며 청보 장단에 얹어 부른다.

① 청보 1장

청보 1장 장단은 3소박(♩.)과 2소박(♩)이 결합한 3+2+3(♩.+♩+♩.)의 8소박이 기본단위를 이룬다. 김명대는 3소박과 2소박을 구분하지 않고, 이를 동일한 한 박拍으로 간주한다.[6] 청보 1장은 3박이 다섯이 모인 15박의 작은 악구를 이루고, 이것이 넷이 모여 (3 X 5 X 4)의 60박의 무가를 부른다. 무가를 마치면 악기가 같은 길이, 즉 60박의 무악을 연주한다. 이렇게 60박의 무가+무악이 120박의 청보 1장의 한 악구를 이루는데, 김명대는 이를 한 '파수'라고 한다. 청보 1장의 120박 구조에 대해 김명대는 다음과 같이 설명한다.

김명대: 너무 잘게 쪼개서 청보를 120박이잖아. (예) 청보 박자가.
　　　예를 들어서, 삼각형 묶였는 게 스무 개란 말이야. (예) 위
　　　에 다섯 개, 다섯 개, 다섯 개, 다섯 개. 그러면 여섯 번째
　　　징, 열여섯 번째 징이 들어온단 말이야. (예) 그지? (예) 열여
　　　섯 번째. 물론 스무 개 묶였는데, 다른 분들이 인제 옛날에
　　　얘기한 게 뭐냐 할 거 같으면, 인제, 대학교수들이나 얘기할

---

6 동해안 무악에서 박(拍)의 단위를 악사들은 '칸(間)'이라 한다. 칸의 단위는 악사에 따라 조금씩 다르다. 청보 1장의 경우 (3+2+3)을 한 칸으로 보는 악사(김명대, 김용택), (3+2+3)X5의 5박을 한 칸으로 보는 악사(김정희), (3+2+3)X5가 둘이 모인 10박을 한 칸으로 보는 악사(송동숙)가 있다. (3+2+3)을 한 칸으로 여기는 것은 이것이 최소 단위가 되기 때문이다. (3+2+3)X5, 즉 8소박 5박을 한 칸으로 여기는 것은 무가의 한 소절을 단위 박으로 보는 견해이다. 10박을 한 칸으로 여기는 것은 징이 매 10박마다 쳐지기 때문이다(장휘주, 「경남·경북 동해안 무악 비교 연구」, (서울대학교 박사학위논문, 2002, 42쪽). 그러나 김명대는 현재 3+2+3의 각 소박을 한 박으로 간주하여 이를 3박으로 센다.

때, 부산 작은아버지(김석출)는 스무 박이라 그랬다, 청보가 스무 박이다. 그래서 나는, 그거는 작은아버지가 몸짓으로 가르켜 줬고요. 그 다음에 몸짓으로 3분박을 하나로 볼 때도 스무 박이 아닙니다. 청보라는 것은, 말 그대로 남자(악사)가 스무 박을 내면, 3분박을 우리가 하나로 계산할 때 스무 박이라 쳤을 때, 가정했을 때, 스무 박을 내면 지무(무녀)가 스무 박이 가사가 들어와야 한 파수가 끝났다 하거든요. 그게 뭐냐, 우리가 교육을 시킬 때, 사회자가 한 파수 대주고 지무 한 파수 대봐라, 한단 말이야. 그러면 지무도 가리키고 사회도 가리키는데 사회가 먼저 전주前奏를 줘야 가사가 들어올 거 아냐. 그지? (예) 고걸 묶어서 한 파수라 그래요. 우리, 우리 용어로. (이용식: 파수?) 어, 한 파수. (이용식: 파수!) 한 파수를 대봐라 그러면 사회가 먼저, 그, 스무 박을 주고, '아~' 이래 가지구 대고, 그런 다음에 끝나면 지무가 똑같은 박을 인제 '남산은 본이요' 나온단 말이야. 그럼 그 한 파수만 대면 됐지, 두 파수 가르킬 일 없잖아. 한 파수만 딱 대면, 어, 됐다, 그럼 장단 제대로 쳤고, 지무는 뭐고, 그래서 어떻게 어떻게 한다는 걸 가르켰단 말이야. 근데, 악보만 나와 있는 게 아니라, 옛날에는. 가사와, 저, 사설과 악보 조금 가르치게 이렇게 믹스를 하다보니까. 최종민[7], 그, 종민이 형님도 20박이라고 가르켜 노니까, 학생들이 와서, 내핸테 와가지고, 청보가 20박입니까? 아니다. 가사가

---

7   국악학자. 전 강릉대학교 교수.

있는, 우리가 경음악이 아닌데, 가사가 있는 건, 청보라는
건 꼭 가사가 들어와야 되거든. 우리가 사물놀이 하고 무
속 사물을 만들 때도 가사가 있는 거기 때문에 가사를 붙
이지 않고 음악만 하려다 보니까, 가사를 덜어내니까, 청보
1장을 계속 치게 되면 열 한 박 째 징이 계속 들어와요. (예)
뭐, 여섯 박 째 치구, 열여섯 박에 들어오는 게 아니야. 돌려
가지구 묶아 노면. (예) 그래서 청보 1장 하구 드렁갱이 하
구 똑 같애진단 말이야. 그래서 내가 청보를 덜어내구, 이건
가사를, 여자(무녀)가 가사를 대든 남자(악사)가 가사를 주
고는 했을 때만 청보가 되고. 드러내구 드렁갱이를 잡아 넌
거야. 하나를 해도. 1장이 똑 같애지니까. 그래서 청보가 3
분박으로 다섯 개, 다섯 개, 스무 갠데. 요걸 따지면 1장만
몇 박이야? 저저저, 이 삼은 육, 60박이잖아. 지모까지 더
해 노면 어떻게 돼? 120박이, 한 파수 딱 돼.

이용식: 그러니까 노래 하구, 노래 한 다음에, 그 다음에 (김명대: 장
단 치구) 장단 치구.

김명대: 똑같은 박이지.

이용식: 그걸 하나가 묶여져갔구 한 파수?

김명대: 묶여져갔구 한 파수인데. 그 한 파수가 어떻게 되느냐? 계
속 곱돌아 가는 거잖아. (예) 어, 똑 같애, 고게. 또, 계속 1
장이란 게 연결되갔고 주고 받고, 주고 받고, 주고. 질문이
있으면 답이 있어야 되잖아. 그럼 문제가 끝나는 거 아니야.
문제만 딱 던져 놓고 답이 없었는데, 답을 안 했는데 문제
가 해결된 게 아니잖아. 그랬을 때 청보는 가사가 꼭 들어

와야 되고, 장단이 20박, 꼭 똑 같은 박을 치게 되잖아. 그걸 묶어서 한 파수라 그래. 1절이 끝난 거야, 말하자면. (예) 1절이란 게 우리가 어떻게 되느냐, 1절, 그 한 파수에 끝나는 게, 1절이 한 30분 40분 간다는 거야, 계속. (예) 그렇게 가사를 계속 여야 되니까. 그래서, 한 파수가 120박이라는 거. 이해가 되는가? (예) 근데, 다른 사람들도, ○○○가 내한테, 여기 자주 와. 근데, 걔하고 만나면 내가 싸워. "오빠, 청보가 참 특이한 게 뭐냐면, 6박째 징 치고, 16박째 징 치고, 이렇게, 열 박이면 열 박으로 계속 가는 게 아니라", 아 그게 좀 특이하다 이거야. 그건 아니다. 쳤어두, 푸너리를 쳐서, 인제 '덩따덩따' 해서 선장구 풀어서 지무가 탁 돌아설 때, '더덩 더덩 덩 덩', 열 박 가기가 뭐 해서, 다섯 박으로 쪼개져 있기 때문에, 열 박 가기 뭐 해서, 일곱 장단을 먼저 내준다, 일곱 장단을. '아~ 더덩 더덩 덩덩덩 징 더덩 더덩 덩덩덩', 이래 해가지구 딱 마치지, 그 다음부터 계속 11박에 징 쳐요. 너는 왜 가사를, 가사 댈 때는 박을 안 치냐? 장구 안 치냐? 징 안 치냐? 꽹과리 칠려니 가사를 안 들고 꽹과리만 빼낫 거야. 징은 계속 그 자리에, 박자를 때려 줘야 되는데. 그지? (예) 그럼 그 징박이 계속 열 한 박째, 첫 박 들어오면서 징이고, 계속 열 한 박째 치는 거지, 여섯 박에 치고, 그러면 가사 하고 이거 하고 독립을 시켜 노면 안 돼. 파수라는 게, 어른들이 가르킬 때, 장단 한 장단, 똑 같은 박, 스무 박, 가사 스무 박, 똑 같은 박, 그게 딱 같이 하나가 됐을 때 한 파수야. (응) 그럼 어째, 우리가 가사가 없다 그랬을 때 그게 1절이 끝난 거야. 근데, 전주를 주고 가사를 줘야 애국가를 불렀다 하지, 그냥 음악만 애국가를 하면 그건 경음악이야 그냥. 경음악. 가사가 없는 거예요. 근데, 이건 가사가 있는 게 청보기 때문에, 이렇게 가사가 똑 같은 박을 대고, 주고 받고, 이러다가 해결하는 게, 한 파수만 들어라. 엄청 긴데, 공부시킬 때, 어른이, 한 사람이 한 네 시간 듣고 있을 수 없잖아. (음) 그러면 한 파수만 딱 잘라가지구 한 파수만 들어라, 한 게, 청보야. 그, 60박 주고, 60박 사설 대는 게, 그게 한 파수야.

청보 1장은 3+2+3의 8소박 단위가 악사의 몸짓에는 맞기 때문에 김석출과 음악학자들은 이를 단위로 청보 1장을 20박(무가 20박+무악 20박) 장단으로 인식한다. 그러나 김명대는 연주는 각 소박의 단위를 박의 단위로 인식해야 정확하게 연주할 수 있기 때문에 무가 60박과 무악 60박의 단위가 되어야 한다고 인식한다. 또한 무가와 무악을 분리하여 박의 단위로 삼는 다른 악사와는 달리 김명대는 무가와 무악이 합쳐져야 하나의 청보 1장을 완성한다고 주장하며, 이 단위를 '파수'라고 하는 것이다.

청보 1장의 징점은 장단의 첫 박이 아니라 노래의 중간인 제16박과 제46박에 붙어서 30박 단위로 징점이 붙는다. 그러나 김명대는 이를 무가가 시작하기 전에 무악이 전주를 내주면서 징이 붙기 때문에 무가의 중간에 징이 들어오는 것이 아니라 징은 계속 11박을 단위로 주기적으로 치는 것이라고 설명한다. 장구는 보통 첫 박부터 치지 않고 제10박 이후에 '더러러'하면서 치는 경우가 많다. 장구잽이는 무가의 중간에 바라지를 하는데, 규칙적인 박자에 일정한 바라지를 반복하는 것이 아니고 장구잽이의 기분에 따라 무가의 사설이 끝날 때에 즉흥적으로 바라지를 넣는다.

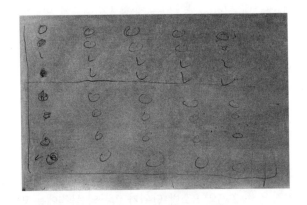

청보 1장 | 저궁 정 뜨르닥 | 저궁 정 뜨르닥

김명대가 설명하는 청보 1장의 장단구조

♩.+♩+♩.	♩.+♩+♩.	♩.+♩+♩.	♩.+♩+♩.	♩.+♩+♩.
동이야	동이야	군웅아	장수	
눗동 ●	장수야	군웅아	장수	
열두장수	이도장수	삼도장수	사도장	수
오도야 ●	장수야	육도	장수	
♩. ♩ ♩.	♩. ♩ ♩.	♩. ♩ ♩.	♩. ♩ ♩.	♩. ♩ ♩.
♩. ♩ ♩. ●	♩. ♩ ♩.	♩. ♩ ♩.	♩. ♩ ♩.	♩. ♩ ♩.
♩. ♩ ♩.	♩. ♩ ♩.	♩. ♩ ♩.	♩. ♩ ♩.	♩. ♩ ♩.
♩. ♩ ♩. ●	♩. ♩ ♩.	♩. ♩ ♩.	♩. ♩ ♩.	♩. ♩ ♩.

(●는 징점)

〈표 1〉 청보 1장 장단구조

M.M. ♩.+♩+♩. = 약 40~44

〈보례 13〉 군웅장수굿 중 청보 1장 (빈순애 무가/ 김명대 장구/ 이용식 채보)

청보 1장 무가의 음역은 mi-mi'의 1옥타브이고, 최저음으로 숙여내어 노래를 시작한다. 음구조는 mi-la-do'-re'가 주요음이며 이 중 la가 종지음이고 mi는 떠는음이다. 저음역에서 la에서 mi로 하행시에 la-sol-mi의 순차하행진행이 두드러지며, 고음역에서는 do'-re'-mi'의 순차진행이 많이 나타난다. 이런 음조직은 전형적인 메나리토리 음조직이다.

② 청보 2장

청보 2장 장단은 3소박(♩.)이 기본단위를 이루는데, 김명대는 이를 한 박의 단위로 삼아 '3박'으로 간주한다. 즉, 소박의 단위를 박으로 인식하는 것이다. 이렇게 소박의 단위를 박으로 인식하는 것은 연주의 정확성을 높이기 위해서는 보다 잘게 박의 단위를 설정해야 하기 때문이다. 청보 2장은 청보 1장과 마찬가지로 3박 다섯이 모여 작은 악구를 이루고, 이것이 넷이 모여 (3X5X4)의 60박의 무가와 무악이 교대되어 120박의 한 파수가 완성된다. 결국 청보 2장은 청보 1장과 마찬가지로 120박 장단이고, 단위 박인 '3박'이 ♩. 또는 ♩인 청보 1장에 비해 ♪으로 작아지는 것이다.

김명대가 인식하는 박拍의 단위는 음악학계의 박拍과 소박小拍의 단위를 구분하지 않는다. 김명대는 굿거리를 12박으로 간주한다. 그에 의하면 굿거리는 악사가 박자의 단위에 따라 움직이는 '몸짓'의 '춤박'으로는 4박이지만, 연주는 12박으로 해야 한다고 한다. 특히 교육을 할 때는 소박의 단위가 박의 단위가 되어 굿거리가 12박이 되어야 박자를 정확하게 인식할 수 있다고 설명한다. 이에 대해 김명대는 다음과 같이 설명한다.

이용식: 예를 들어서 이제 드렁갱이 같은 경우에 '다단 단 다단' 하
잖아요. 그럼 그걸 한 칸▥으로 보세요, 아니면 어떤 단위
를 한 칸으로 보세요, 보통?

김명대: 고건 쉽게 얘기해 줄게. '다단 단 다단'은 춤 박이야. (예) 세
박이잖아, '다단 단 다단', 3분박으로. 삼각형이잖아. (예)
'다단 단 다단'을 우리가 하나로 잡는 이유는, 굿거리를 12
박으로 쪼개갖고 우리가 몸짓을 할 수가 없어요. 그래서 무
속에는 다 춤 박자여야 돼. 징을 치면서 징을 치는 기준으
로, 한 번 갔다 올 수 있는, 징이 갔다 올 수 있는 박을 하나
로 보는 거야. 그래서, 고렇게 하나를 보지만, 가르킬 때는,
장단을 놓고 타악을 가르킬 때는 3박으로 가르키지. 그게
세 박이라는 거야, 기준으로 보면. (예) 굿거리도 똑 같지.
우리가 어디 가면 몸짓을 '딴 다그다그 딴 다다다다 딴 다
다다다 단다-' 징을 칠 수가 없잖아, 몸짓이 까부니까. 그래
서 '하나- 두울- ', 삼각형을 그려서, 몸짓이 삼각형이 되는
이유가, 옆으로 갔다 오면 밑변이 그려지지. (예) 그 다음에
우리가 그냥 이렇게 흔드는 게 아니라 들었다 놨다 한단 말
이야. 그럼 (삼각형의) 꼭지가 그려지지. 그래서 3분박으로
가는데, 우리가 무속 박으로 잡을 때 왜 춤 박자 보는 사람
들도 삼각형 하나를 하나로 보느냐 하면, 징을 치기 위해서
는 그렇게 빠르게 쪼갤 수가 없어. 점점 빨라지는데. 그렇게
되면 어떻게 빨리 쪼개냐 말이야. 그래서 거, 징박을 가르
켜 주기 위해서는 장단을 움직임은 무조건 춤박에다 계산
을 따라 해서 작은아버지(김석출)한테 공부를 하고 여기 어

르신들한테 공부를 할 때, 3분박 하나를 하나로 보고, 고 담에 장단을 쪼개서 가르켜 줄 때는 그게 세 박이라는 개념으로 가르켜줬지. 그래서 지금 장단을 놓고 본다면은 세 박이야. 악보로 지금 얘기 하자면은…

이용식: 그러니까 '자 자 잔'이 세 박?

김명대: 그렇지, 하나 둘 셋으로. (예) 근데, 무속에서 기본박을 가르켜 줄 때, 앉아서도 춤을 춰야 되잖아. (예) 장단을 넣기 위해서 가락을 넣고 이거 뭐, 춤을 춰야 되는데, 앉은 춤을 배울 때나 징박을 공부할 때는, 그 세 박을 묶어가지고 하나로 해야지.

이용식: 하나로 보죠? 그죠?

김명대: 하나로 보지.

이용식: 그러면, 굿거리 같은 경우에, '하나 둘 셋, 둘 둘 셋, (김명대: 징박) 셋 둘 셋, 넷 둘 셋' 해갖고 징을 한 번씩 치잖아요? 그럼 12박으로 그거를 생각을 하시는 거죠?

김명대: 그렇지.

이용식: 그죠?

김명대: 생각을 하는데, 어른들이 징을 치기 위해서, (예) 꽹과리 박은 그렇게 쪼개주지를 않는데, 꽹과리는 언제든지 엇밧자로, 엇박에 몸이 놀아야 되니까. (예) 한데, 징은 계속 똑같은 모션으로 가서 똑같은 박에, 내가 이쪽으로 갈 때 징을 때려야 되니까 (예) 고 박을 가르쳐주기 위해서는 세 개를 하나로 묶으라 했고. (예) 작은아버지가 해서, 고 담에 영

해 송동숙[8] 어르신네 말씀이 고래 했고. 가락은 그렇게 생
각하면 안 된다, 그랬지. 그래서 굿거리 같으면 12박이 돼.
굿거리는 장단 치는 사람들은, 타악을 공부하는 사람들은
12박이 돼. 몸짓만큼은 4박으로 기준을 두라고 그랬지. 그
래서 무속에서는 제일 처음 가르쳐 준 게 3분박을 갈 때,
그림은 옛날 어른들이 안 그렸지만, 그림은 내가 푸너리 시
작하면서 내가 삼각형 그려서 애들한테 전파를 시켰지만.
거, 기본 원리는 세 개를 하나씩 묶는다는 거. 그래 가르켜
줘야 돼.

즉, 음악학계에서 굿거리(3소박 4박)를 정의하는 4박을 김명대
이는 몸짓에 맞는 춤박으로 인식하고, 연주는 (12)소박 단위가 박의
단위가 되어 12박이 되어야 정확하게 맞는다고 인식한다. 징점은 장
단의 첫 박이 아니라 노래의 중간인 제16박과 제46박에 붙어서 30
박 단위로 징점이 붙는다. 그러나 이것도 청보 1장과 마찬가지로 11
박마다 반복된다고 인식한다. 장구잽이는 무가의 중간에 바라지를
하는데, 규칙적인 박자에 일정한 바라지를 반복하는 것이 아니고 장
구잽이의 기분에 따라 무가의 사설이 끝날 때에 즉흥적으로 바라지
를 넣는다. 무악 반주는 노래가 다 끝나면 시작되는 것이 아니라 무
가 끝나가는 마지막 박에 들어오기 마련이다. 또한 무악 반주의
탬포는 무가에 비해 템포를 빨리 몰았다가 마지막 부분에 조금 느려
지면서 무가의 템포로 돌아온다.

---

8   전 경상북도 무형문화재 제3호 영해별신굿놀이 전 예능보유자.

♪♪♪	♪♪♪	♪♪♪	♪♪♪	♪♪♪
경기		감사	유지	났네
충청 ●	감사	유지	났네	
전라	감사도	유지	났	네
경상 ●	감사	유지	났네	
♪♪♪	♪♪♪	♪♪♪	♪♪♪	♪♪♪
♪♪♪ ●	♪♪♪	♪♪♪	♪♪♪	♪♪♪
♪♪♪	♪♪♪	♪♪♪	♪♪♪	♪♪♪
♪♪♪ ●	♪♪♪	♪♪♪	♪♪♪	♪♪♪

(●는 징점)

〈표 2〉 청보 2장 장단구조

〈보례 14〉 군웅장수굿 중 청보 2장 (빈순애 무가/ 김명대 장구/ 이용식 채보)

청보 2장 무가의 음역은 la-mi'의 5도이다. 음구조는 la-do'-re'-mi'가 주요음이며, 이 중 la가 종지음이다. 이런 음조직은 메나리토리 음조직에서 mi-la의 저음역이 없이 la-mi'의 고음역만 사용하는 것이다. 청보 2장은 시작을 mi' 또는 re'의 고음으로 질러서 시작하여 점차적으로 하행하여 la로 종지하는 선율형이다.

③ 청보 3장

청보 3장 장단은 2소박(♪)이 기본단위를 이루는데, 김명대는 이는 청보 3장의 단위 박보다 작은 박으로 간주한다. 청보 3장은 청보 1장 및 2장과 한 파수를 이루는 원리는 같지만, 단위 박인 '3박'이 청보 1장 및 2장에 비해 작아지는 것이다.

징점은 장단의 첫 박이 아니라 노래의 중간인 제6박과 제16박에 붙어서 10박 단위로 징점이 붙는다. 장구잽이는 무가의 중간에 바라지를 하는데, 규칙적인 박자에 일정한 바라지를 반복하는 것이 아니고 장구잽이의 기분에 따라 무가의 사설이 끝날 때에 즉흥적으로 바라지를 넣는다. 무악 반주는 노래가 다 끝나면 시작되는 것이 아니라 무가가 끝나가는 마지막 박 이전에 들어오기 마련이다. 무가의 제2장단인 제6~10박은 무녀가 "에- 데- 야"하는 구음을 넣는 것이 특징적이다.

♪ ♪	♪ ♪	♪ ♪	♪ ♪	♪ ♪
자손	들	유지	났	네
에 ●		데		야

♪♪	♪♪	♪♪	♪♪	♪♪
삼년	성도	유지났	구나	
육판 ●	사도	유지	났구	나
♪♪	♪♪	♪♪	♪♪	♪♪
♪♪ ●	♪♪	♪♪	♪♪	♪♪
♪♪	♪♪	♪♪	♪♪	♪♪
♪♪ ●	♪♪	♪♪	♪♪	♪♪

(●는 징점)

〈표 3〉 청보 3장 장단구조

<보례 15> 군웅장수굿 중 청보 3장 (빈순애 무가/ 김명대 장구/ 이용식 채보)

청보 3장 무가의 음역은 la-mi'의 5도이다. 음구조는 la-do'-re'-mi'가 주요음이며, 이 중 la가 주요 종지음이다. 이런 음조직은 메나리토리 음조직에서 mi-la의 저음역이 없이 la-mi'의 고음역만 사용하는 것이다. 청보 3장은 시작을 mi' 또는 re'의 고음으로 질러서 시작하여 점차적으로 하행하여 la로 종지하는 선율형이다.

④ 청보 4장

청보 4장 장단은 3소박(♩.)과 2소박(♩)이 2+3 또는 3+2로 혼합된 것이다. 김명대는 3소박과 2소박을 구분하지 않고 이를 5박으로 간주한다. 즉, 청보 4장은 소박의 단위를 박으로 인식하는 것이다. 청보 4장은 5박이 넷이 모인 20박에 무가와 무악이 교대되어 40박이 한 파수를 이룬다. 즉, 청보 1장에서 3장은 60박을 단위로 무가와 악기가 교대되어 120박이 한 파수를 이루지만, 청보 4장은 20박을 단위로 무가와 악기가 교대되어 40박이 한 파수를 이루는 것이다. 징은 청보 4장의 첫 장단에서는 한 번만 치지만, 이후에는 2+3박으로 친다(《보례 8》).

무가는 청보 3장에서 청보 4장으로 넘어가는 청보 4장의 시작 부분에서는 4박에서 마치는 것이 아니고 사설이 많으면 제5박까지 넘어가기도 한다(《보례 8》의 제1, 3, 4절). 그러나 청보 4장이 진행되면서 무가와 무악이 2박씩 정확하게 교대된다(《보례 8》의 제5절 이하).
무악 반주는 제3박에서 규칙적으로 시작하고, 이 때 장구잽이는
"어- 기야 어- 디야"하는 바라지를 장단에 맞추어 반복한다. 청보 3
장까지 장구잽이의 바라지가 일정한 장단에 맞추어 규칙적으로 불
려지는 것이 아니었지만, 청보 4장에서는 일정한 장단에 일정한 선
율이 규칙적으로 반복된다.

♩+♩.	♩+♩.	♩+♩.	♩+♩.
서방에는	백제장군님		
♩ ♪ ♩	♩ ♪ ♩	♩ ♪ ♩ 어 기야	♩ ♪ ♩ 어 디 야
● ●	● ●	● ●	● ●

(●는 징점)

〈표 4〉 청보 4장 장단구조

〈보례 16〉 군웅장수굿 중 청보 4장 (빈순애 무가/ 김명대 장구/ 이용식 채보)

청보 4장 무가의 음역은 mi-re'의 7도이다. 음구조는 mi-sol-la-do'-re'가 주요음이며, 이 중 la가 종지음이다. 이런 음조직은 전형적인 메나리토리 음조직이다. 저음역에서는 mi-la의 4도 상행 도약진행과 메나리토리 음진행형인 la-sol-mi의 순차 하행진행이 두드러지게 나타난다. 청보 4장은 템포가 빠르기 때문에 주로 la를 중심으로 순차진행 선율이 많다.

⑤ 청보 5장

청보 5장 장단을 김명대는 12박으로 간주한다. 앞서 굿거리와 청보 2장을 인식하는 방법과 마찬가지로 김명대는 소박의 단위를 박의 단위로 간주한다. 이는 연주의 정확성을 기하기 위하여 박의 단위를 최소 단위로 인식하기 때문이다. 즉, 청보 5장은 12박의 무가와 12박의 무악(바라지 포함)이 교대되어 한 파수를 이룬다.

징은 3박에 한 점씩 매 장단에 4점을 친다. 장구잽이는 "어디야 어야디야" 또는 "모시자 모시자" 하는 바라지를 장단에 맞추어 반복한다. 청보 3장까지 장구잽이의 바라지가 일정한 장단에 맞추어 규칙적으로 불려지는 것이 아니었지만, 청보 4장부터 청보 5장까지는 일정한 장단에 일정한 선율의 바라지가 규칙적으로 반복된다.

♪♪♪	♪♪♪	♪♪♪	♪♪♪
오늘 ●	●	오월 ●	이라 ●
♪♪♪ 어 ●	♪♪♪ 디야 ●	♪♪♪ 어야 ●	♪♪♪ 디야 ●

(●는 징점)

〈표 5〉 청보 5장 장단구조

〈보례 17〉 군웅장수굿 중 청보 5장 (빈순애 무가/ 김명대 장구/ 이용식 채보)

청보 5장 무가의 음역은 mi-re'의 7도이다. 음구조는 mi-sol-la-do'-re'가 주요음이며, 이 중 la가 종지음이다. 이런 음조직은 전형적인 메나리토리 음조직이다. 저음역에서는 mi-la의 4도 상행 도약진행과 메나리토리 음진행형인 la-sol-mi의 순차 하행진행이 두드러지게 나타난다. 청보 5장은 템포가 빠르기 때문에 주로 la를 중심으로 순차진행 선율이 많다.

결국, 청보 무가는 5장의 장단으로 구성되었다. 청보 1장~3장의 장단은 기본적인 구조 무가와 악기가 60박씩 교대되어 120박이 한 파수를 이루는 점에서는 같고, 단위 박이 다르다. 청보 1장의 단위 박은 3+2+3의 3박, 청보 2장의 단위 박은 ♪의 3박, 청보 3장의 단위 박은 ♪의 2박이고, 청보 1장으로부터 청보 2장을 거쳐 청보 3장으로 단위 박이 점점 작아지면서 템포가 빨라진다. 청보 4장은 단위 박(♪)이 20박이 모여 무가와 무악이 교대되어 40박이 한 파수를 이룬다. 청보 5장은 단위 박(♪)이 12박이 모여 무가와 무악이 교대되어 24박이 한 파수를 이룬다. 청보 4장에서 청보 5장으로 단위 박이 점점 작아지면서 템포가 빨라진다. 일부에서는 청보 장단이 6장과 7장까지 있다고 한다.[9] 그러나 김명대는 청보 5장 이후에 템포가 점점 빨라지는 것일 뿐이지 이를 별개의 청보 6장으로 구분할 수는 없다고 주장한다. 청보 무가는 mi-sol-la-do'-re'의 음구조이고, 이 중 la 또는 mi로 종지하고, la-sol-mi의 순차하행 선율이 많다. 즉, 청보 무가는 전형적인 메나리토리로 된 것이다.

---

9   장휘주, 앞의책, 48~53쪽.

	단위 박(박)	무가(박)	무악(박)	파수(박)
1장	3 (♩.♩♩.)	60	60	120
2장	3 (♪♪♪)	60	60	120
3장	2 (♪♪)	60	60	120
4장	5 (♪♪♪♪♪)	20	20	40
5장	12 (♪X12)	12	12	24

〈표 6〉 청보 장단의 구조

(2) 제마수 무가

강릉단오굿의 무가에서 제마수 무가는 세존굿, 심청굿, 손님굿, 제면굿 등에서 부른다. 제마수 무가는 주로 서사적인 내용의 긴 무가인 경우가 많은데, 3장으로 구성되며 제마수 장단에 얹어 부른다.

① 제마수 1장

강릉단오굿에서 제마수 1장은 불리지 않았다.

제마수 1장 장단은 3소박(♩.)과 2소박(♩)이 결합한 3+2+3(♩.+♩+♩.)의 8소박이지만, 청보 1장과 마찬가지로 김명대는 김명대는 3소박과 2소박을 구분하지 않고, 이를 "하나 둘 셋"의 '3박'으로 간주한다. 제마수 1장은 3박 여섯이 모여 작은 악구를 이루고 이것이 넷이 모여 (3X6X4)의 72박이 한 파수를 이룬다. 징은 매 장단의 첫 박에 친다. 제마수 장단은 서사무가를 부르는 장단이기 때문에 청보 장단처럼 무가와 악기가 교대되지 않는다.

♩.♩.♩. ●	♩.♩.♩.	♩.♩.♩.	♩.♩.♩.	♩.♩.♩.	♩.♩.♩.
손님네로	모십니	다	강남이라	대한민	국
명신손님	나오신	다	신사분이가	나오실	때
강남대왕	국에	두	연잎같이	넓은가하	고
조선국에도	댓잎같	이	좁은나라가	넓고넓	은

(●는 징점)

〈표 7〉 제마수 1장 장단구조

② 제마수 2장

제마수 2장 장단은 2소박(♩) 6박이 모여 한 장단을 이룬다. 한 장단은 사설의 의미 단락에 따라 전반 3박과 후반 3박으로 나눌 수 있다. 징은 매 장단의 제1박과 제4박에 두 번 들어가면서 전반 3박과 후반 3박의 구분을 더욱 뚜렷이 나눈다. 제마수 2장은 무녀가 무가를 계속 이어 부른다. 장구잽이는 거의 2장단을 간격으로 "아 세존아"라는 바라지를 넣거나 "얼씨구" "그렇지요" 등의 추임새를 넣는다.

♩ ●	♩	♩	♩ ●	♩	♩
옛날	이라		저옛	적에	
간날	이라		저갈	적	에
어정	아제	야	설법	시절	
송림	없이		맞으	실	제

(●는 징점)

〈표 8〉 제마수 2장 장단구조

M.M. ♩ = 약 66-72

〈보례 18〉 세존굿 중 제마수 2장 (박금천 무가/ 김명대 장구/ 이용식 채보)

제마수 2장 무가의 음역은 mi-re'의 7도이다. 음구조는 mi-sol-la-do'-re'가 주요음이며, 이 중 mi 또는 la가 종지음이다. 이런 음조직은 전형적인 메나리토리 음조직이다. 저음역에서 메나리토리 음진행형인 la-sol-mi의 순차 하행진행보다는 la-mi의 도약진행이 많다. 제마수 2장의 시작은 최저음인 mi로 숙여서 시작하지만, 그 외의 악구는 la 또는 do'로 시작하여 점차 하행하여 mi로 마치는 경우가 많다.

③ 제마수 3장

제마수 3장 장단은 3소박(♩.) 4박이 모여 한 장단을 이룬다. 징은 매 장단의 매 박에 친다. 제마수 3장도 제마수 2장처럼 무가의 사설이 계속 된다. 제마수 3장의 초반에는 장구잽이가 불규칙적으로 "좋다" "얼씨구" 등의 추임새를 넣지만(〈보례 16〉), 어느 정도 시간이 경과하면 템포가 빨라지면서 "어야디야" 하는 바라지를 거의 두 장단에 한 번씩 반 장단에 걸쳐 넣는다.

♪ ♪ ♪	♪ ♪ ♪	♪ ♪ ♪	♪ ♪ ♪
●	●	●	●
저스님	호사보	소	
		(어야	디야)
저스님	치레보	소	
		(어야	디야)
얼	굴은	호산태	같고
눈은	소상강	물결	이야
		(어야	디야)

(●는 징점)

〈표 9〉 제마수 3장 장단구조

〈보례 19〉 세존굿 중 제마수 3장 초반부 (박금천 무가/ 김명대 장구/ 이용식 채보)

제마수 3장 무가의 음역은 mi-re'의 7도이다. 음구조는 mi-sol-la-do'-re'가 주요음이며, 이 중 mi 또는 la가 종지음이다. 이런 음조직은 전형적인 메나리토리 음조직이다. 저음역에서 메나리토리 음진행형인 la-sol-mi의 순차 하행진행보다는 la-mi의 도약진행이 많다. 제마수 3장의 시작은 최저음인 mi로 숙여서 시작하지만, 그 외의 악구는 la 또는 do'로 시작하여 점차 하행하여 mi로 마치는 경우가 많다. 가끔씩 sol로 한 장단의 마지막 음을 내어 미묘한 분위기를 만들기도 한다.

(3) 부정 무가

부정 1장 장단은 청보 1장이나 제마수 1장과 마찬가지로 3+2+3(♩.+♩+♩.)의 혼소박이 기본적인 단위를 이루지만, 김명대는 이를 3박으로 간주한다. 부정 1장은 3박 넷이 모여 작은 악구를 이루고 이것이 둘이 모여 3X4X2의 24박이 한 파수를 이룬다. 징은 무악이 시작되는 제13박에 붙는다. 장구잽이는 무악이 연주되는 동안 불규칙하게 바라지를 한다.

♩.♩♩.	♩.♩♩.	♩.♩♩.	♩.♩♩.
영정아	부정아	영정부정	갓아내자
●		아 야	어 하

(●는 징점)

〈표 10〉 부정 1장 장단구조

M.M. ♩. = 약 44-52

<〈보례 20〉 부정굿 중 부정 1장 (빈순애 무가/ 김명대 장구/ 이용식 채보)>

부정 2장 장단은 굿거리와 마찬가지로 12박(3소박 4박)이 무가와
바라지가 교대되어 한 파수를 이룬다. 징은 제5박인 바라지의 첫 박
에 붙는다. 장구잽이는 "영정아 영정" 또는 "아디야 영정"의 바라지
를 규칙적으로 부른다.

M.M. ♩. = 약 72~76

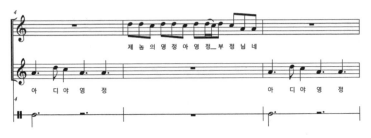

<〈보례 21〉 부정굿 중 부정 2장 (빈순애 무가/ 김명대 장구/ 이용식 채보)

부정 3장 장단은 12박(3소박 4박)이 무가와 바라지가 교대되어
한 파수를 이루는 점에서는 부정 2장 장단과 같지만, 템포가 부정
2장보다 빠르다. 징은 매 박에 붙는다. 장구잽이는 "아디야 영정"의
바라지를 규칙적으로 부른다.

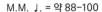

〈보례 22〉 부정굿 중 부정 3장 (빈순애 무가/ 김명대 장구/ 이용식 채보)

(4) 수부 무가 (사자풀이 장단)

사자풀이 장단은 각 굿거리의 끝에 술잔과 신칼을 들고 수부사
자를 풀어먹일 때 부르는 수부 무가에 치는 장단이다. 수부 장단을
수부채라고 하는데, 이에는 겹수부채와 홑수부채가 있다. 겹수부채
는 빠른 4박(2소박 4박) 둘이 한 장단을 이루고, 매 장단의 첫 박에
징을 친다. 홑수부채는 매우 빠른 4박(2소박 4박)이 한 장단을 이루
고, 매 장단의 첫 박에 징을 친다. 겹수부채는 사자풀이 1장, 홑수부
채는 사자풀이 2장이 된다. 이를 김명대는 "사자풀이 1장은 휘모리
두 장단이고, 사자풀이 2장은 휘모리 한 장단"이라고 한다. 결국 수
부채는 2소박 4박 장단을 겹(2장단)으로 치는 겹수부채와 홑(1장단)
으로 치는 홑수부채로 구분되는 것이다. 요즘은 겹수부채는 생략하
고 홑수부채로 간단하게 부르는 경우가 많다.

M.M. ♩ . = 약 100

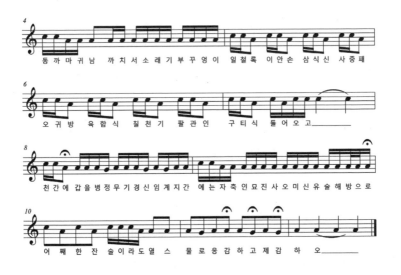

동 까마귀남 까치서소래기부꾸영이 일철록 이안손 삼식신 사중패

오귀방육합식 칠천기 팔관인 구티식 들어오 고____

천간에 갑을병정무기경신임계지간 에는자축인묘진사오미신유술해방으로

어 째 한 잔 술이라도열 스 물로응감하고제감 하 오____

<보례 23> 천왕굿 중 수부 무가 (신희라 무가/ 김명대 장구/ 이용식 채보)

(5) 삼공잽이 무가

삼공잽이 무가는 꽃노래, 뱃노래, 등노래 등의 굿에서 부른다. 삼공잽이는 3장으로 구성된다. 삼공잽이 1장은 3소박과 2소박이 혼합되어 3+2+3(♩+♩+♩)이 단위 박을 이루지만 김명대는 이를 3박으로 간주하고 12박이 한 장단을 이룬다고 한다. 삼공잽이 2장과 3장은 12박(3소박 4박)이 한 장단을 이루는데, 2장은 무가와 악기가 두 장단씩 주고 받고 3장은 한 장단씩 주고 받는다. 징은 1장과 2장에서는 징을 3점 치고, 3장에서는 1점 친다.

♩+♩+♩	♩+♩+♩	♩+♩+♩	♩+♩+♩
나	무	봉	천
청	소 지	금	강

♩+♩+♩	♩+♩+♩	♩+♩+♩	♩+♩+♩
♩ ♩ ♩ ●	♩ ♩ ♩	♩ ♩ ♩ ●	♩ ♩ ♩
♩ ♩ ♩ ●	♩ ♩ ♩	♩ ♩ ♩	♩ ♩ ♩

〈표 11〉 삼공잽이 1장 장단구조

♪ ♪ ♪	♪ ♪ ♪	♪ ♪ ♪	♪ ♪ ♪
나	무	봉	천
청	소 지	금	강
♪ ♪ ♪ ●	♪ ♪ ♪	♪ ♪ ♪ ●	♪ ♪ ♪
♪ ♪ ♪ ●	♪ ♪ ♪	♪ ♪ ♪	♪ ♪ ♪

〈표 12〉 삼공잽이 2장 장단구조

♪ ♪ ♪	♪ ♪ ♪	♪ ♪ ♪	♪ ♪ ♪
이 제	저 제	오 시 는	염 불 은
♪ ♪ ♪ ●	♪ ♪ ♪	♪ ♪ ♪	♪ ♪ ♪

(●는 징점)

〈표 13〉 삼공잽이 3장 장단구조

M.M. ♩. = 약 56-60

무가 — 나 무 봉__ 청 청 소 지 금__ 강

꽹과리
징

〈보례 24〉 꽃노래굿 중 삼공잽이 2장 무가 (박금천 무가/ 김명대 장구)

M.M. ♩. = 약 56-60

〈보례 25〉 꽃노래굿 중 삼공잽이 3장 무가 (박금천 무가/ 김명대 장구)

(6) 자삼 무가

세존굿을 연행할 때 자삼 장단에 〈중타령〉을 부른다. 이 장단은 3+2+3+2의 10박 (또는 혼소박 4박) 장단이다. 전라도 굿에서는 〈중타령〉을 부르는 신임 장단이 같은 구조로 된 것이다.

M.M. ♪ = 약 110

〈보례 26〉 세존굿 중 중타령 (박금천 무가/ 김명대 장구/ 이용식 채보)

(7) 굿거리·덩덕궁이

　강릉단오굿에서는 굿을 진행하면서 매우 다양한 무가를 부른다. 특히 무녀가 굿을 진행하면서 이야기를 재미있게 꾸미거나 관객의 흥을 돋우기 위해서 다른 지방의 민요나 통속민요, 심지어는 최신의 유행가를 부르는 경우도 있다. 이렇게 민요를 부르는 경우에는 굿거리나 덩덕궁이 장단 등에 부르는 경우가 많다. 굿거리장단은 앞서 언급했듯이 3소박 4박 장단이지만 김명대는 이를 소박 단위로 인식하여 12박 장단으로 인식한다. 덩덕궁이 장단도 마찬가지로 12박 장단이다. 굿거리와 덩덕궁이의 기본적인 차이는 템포의 차이인데, 굿거리는 보통 빠르기의 장단인데 비해 덩덕궁이는 매우 빠른 장단이다. 덩덕궁이는 3소박 4박으로 치다가 빨라지면 2소박 4박이 된다. 예를 들어 조상굿 등에서는 경기도의 대표적인 민요인 〈창부타령〉을 부르기도 하고 지탈굿에서 무녀는 전라도의 대표적인 민요인 〈성주풀이〉를 부르는데, 이 노래들은 굿거리장단으로 부른다. 지탈굿에서 양중이 삭불이 신세타령을 부르는데 이 노래는 덩덕궁이 장단에 부른다.

M.M. ♩. = 약 56-60

〈보례 27〉 지탈굿 중 성주풀이 (빈순애 무가/김용택 장구/이용식 채보)

M.M. ♩ = 약 88-100

〈보례 28〉 지탈굿 중 삭불이 신세타령 (김일현 무가/ 김용택 장구/ 이용식 채보)

2) 무무 장단

강릉단오굿 무악은 무가의 장단이 복잡한 구조로 된 것만큼이나
무무 반주 장단도 복잡한 구조로 된 것이 특징이다.

(1) 푸너리

강릉단오굿의 춤 반주 장단 중에서 가장 중요한 것이 푸너리이다. 푸너리는 부정굿, 청좌굿, 하회굿, 세존굿, 조상굿, 산신굿, 심청굿, 천왕굿, 축원굿, 성주굿, 손님굿, 군웅장수굿, 제면굿, 용왕굿 등 대부분의 굿거리를 시작할 때 무당이 춤을 추는 반주 장단으로 쓰인다.

푸너리는 3장으로 구분된다. 푸너리는 1장은 2소박 4박이 둘이 모인 2소박 8박이 한 박을 이룬다. 템포가 조금 빨라지는 푸너리 2장은 2소박 4박이 한 장단을 이룬다. 푸너리 3장은 리듬구조는 푸너리 2장과 같지만, 반 장단, 즉 제1박과 제3박에 징을 두 번 치기 때문에 2소박 2박으로 간주한다. 즉, 푸너리는 2소박 8박(1장) – 4박(2장) – 2박(3장)의 리듬구조로 된 것이다.

푸너리 1장	8박	●							
푸너리 2장	4박	●				●			
푸너리 3장	2박	●		●		●		●	

(●는 징점)

〈표 14〉 푸너리 장단구조

M.M. ♩ = 약 104~112

〈보례 29〉 푸너리 1장

M.M. ♩ = 약 112-120

〈보례 30〉 푸너리 2장

(2) 거무

강릉단오굿 춤 반주 장단에서 또 중요한 것이 거무이다. 거무는 보통 무가를 마친 후에 무당이 춤을 추는 반주 장단으로 쓰인다.

거무는 3장으로 구성된다. 거무는 12박(3소박 4박)의 리듬구조이지만 빠르기와 징점이 달라진다. 보통 빠르기의 거무 1장과 빠른 거무 2장은 매 장단 징을 치고, 매우 빠른 거무 3장은 매 박 징을 친다.

M.M. ♩. = 약 72-80

〈보례 31〉 거무 1장

M.M. ♩. = 약 112-120

〈보례 32〉 거무 2장

(3) 드렁갱이

드렁갱이는 부정굿에 앞서 기악합주로 연주하는 장단이다. 본격적인 굿을 시작하기에 앞서 드렁갱이로 악사들의 실력 발휘를 하는 것이다. 요즘은 '동해안 사물四物'이라는 이름을 붙여 굿의 중간에 관객들의 호응을 얻기 위해 연주하기도 한다.

드렁갱이 1장은 기본적으로 청보 1장과 박자구조가 같고, 다만 무가를 부르지 않고 무악만으로 연주할 뿐이다.

김명대: 청보라는 건 꼭 가사가 들어와야 되거든. 우리가 사물놀이 하고 무속 사물을 만들 때도 가사가 있는 거기 때문에 가사를 붙이지 않고 음악만 하려다 보니까, 가사를 덜어내니까, 청보 1장을 계속 치게 되면 열한 박 째 징이 계속 들어와요. (예) 뭐, 여섯 박 째 치구, 열여섯 박에 들어오는 게 아니야. 돌려 가지구 묶아 노면. (예) 그래서 청보 1장 하구 드렁갱이 하구 똑 같애진단 말이야. 그래서 내가 청보를 덜어내구, 이건 가사를, 여자(무녀)가 가사를 대든 남자(악사)가 가사를 주고는 했을 때만 청보가 되고. 드러내구 드렁갱이를 잡아 넌 거야. 하나를 해도. 1장이 똑같애지니까.

드렁갱이 1장은 3박(♩.+♩+♩.)을 단위 박으로 10박의 한 장단을 이룬다. 드렁갱이 2장은 2소박 10박 장단이다. 드렁갱이 3장은 드렁갱이 2장보다 단위 박이 작은 박(♪)의 10박 장단이다. 그렇기 때문에 드렁갱이 2장과 3장은 10박 장단이지만, 단위 박이 작아지는 것이다. 드렁갱이 4장은 단약 2장 또는 휘모리와 같은데, 매우 빠른 12소박(3소박 4박)이지만, 징점이 두 번 들어가기 때문에 6박 장단으로 인식한다. 드렁갱이도 5장이 있다고 하지만,[10] 김명대는 이는 드렁

---

10   위의책, 88쪽.

갱이 4장이 빨라진 것일 뿐이지 별개의 장단으로 구분할 수 없다고
한다.

	단위 박	장단단위
1장	3(♩.+♩+♩.)	10
2장	2(♩)	10
3장	1(♪)	10
4장	1(♪)	6

〈표 15〉 드렁갱이 박자구조

M.M. ♩ = 약 52-56

〈보례 33〉 드렁갱이 1장

M.M. ♩ = 약 88-96

〈보례 34〉 드렁갱이 2장

M.M. ♩ = 약 96-104

〈보례 35〉 드렁갱이 3장

M.M. ♩ = 약 132-144

〈보례 36〉 드렁갱이 4장

M.M. ♩ = 약 132-144

〈보례 37〉 드렁갱이 4장: 빨라진 부분

(4) 삼오장

삼오장은 세존굿에서 무녀가 〈당금애기〉 서사무가를 모두 부르고 승려가 속세에 내려오는 모습을 형상화한 춤을 출 때의 반주 음악이다. 삼오장은 3장으로 구성된다.

삼오장 1장은 2소박 5박이 기본 단위를 이루고, 5박 여덟이 모인 5X8의 40박이 한 장단을 이룬다. 징은 제1, 2, 3, 5장단에 1점씩 네 번 쳐진다. 삼오장 1장은 중간에 양중이 "중아_ 중아_" 하는 무가를 구연하고 삼오장 2장으로 넘어간다.

♩♩♩♩♩	♩♩♩♩♩	♩♩♩♩♩	♩♩♩♩♩
●	●	●	
●	사설		

(●는 징점)

〈표 16〉 삼오장 1장의 장단구조

M.M. ♩ = 약 95-100

〈보례 38〉 세존굿 중 삼오장 1장 (김명대 무가 및 장구 / 이용식 채보)

삼오장 2장은 3소박과 2소박이 3+2+3+2의 10소박이 단위를 이루는데, 김명대는 이를 10박으로 인식한다. 삼오장 2장은 10박이 넷 모인 40박이 한 장단을 이루고, 징은 제1, 2, 3 장단에 한 번씩 치는데, 제1장단에는 징 2점이 쳐진다.

♪	♪	♪	♪	♪	♪	♪	♪	♪	♪
●					●				
●									
●									

(●는 징점)

〈표 17〉 삼오장 2장의 장단구조

삼오동 3장은 12박(3소박 4박)이 한 장단을 이루고, 두 장단이 모여 한 악구를 이룬다. 징은 제1장단의 제1, 2, 3박(1소박 늦게 침), 제2장단의 제1박에 4점을 친다.

♪	♪	♪	♪	♪	♪	♪	♪	♪	♪	♪	♪
●			●					●			
●											

(●는 징점)

〈표 18〉 삼오장 3장의 장단구조

(5) 배기장

배기장 장단은 3장으로 구성된다. 배기장은 주로 초롱등노래굿에서 초롱등춤을 출 때 1장·2장·3장에 맞춰 춤을 추는 장단이다. 배기장의 장단구조는 삼공잽이와 같은데, 삼공잽이는 무가를 부르는 장단이기에 무가와 악기가 교대되지만 배기장은 무무를 반주하는 장단이기에 악기만 연주한다. 배기장 1장은 3박(♩+♩+♩)이 12박이 한 장단을 이룬다. 배기장 2장과 3장은 ♪을 단위 박으로 12박이 둘이 한 장단을 이루고, 배기장 3장은 하나가 한 장단을 이룬다. 배기장 1장과 2장은 징을 3점 치고, 배기장 3장은 징을 1점 친다.

♩+♩+♩	♩+♩+♩	♩+♩+♩	♩+♩+♩
♩ ♩ ♩ ●	♩ ♩ ♩ ●	♩ ♩ ♩	♩ ♩ ♩

〈표 19〉 배기장 1장 장단구조

♪♪♪♪♪	♪♪♪♪♪	♪♪♪♪♪	♪♪♪♪♪
♪♪♪♪♪ ●	♪♪♪♪♪ ●	♪♪♪♪♪	♪♪♪♪♪

〈표 20〉 배기장 2장 장단구조

♪ ♪ ♪	♪ ♪ ♪	♪ ♪ ♪	♪ ♪ ♪
♪ ♪ ♪ ●	♪ ♪ ♪ ●	♪ ♪ ♪	♪ ♪ ♪

(●는 징점)

〈표 21〉 배기장 3장 장단구조

(6) 살풀이·동살풀이·덩덕궁이

강릉단오굿에서는 굿을 진행하면서 무녀가 다양한 춤을 춘다.

굿을 시작할 때의 푸너리나 마칠 때의 거무 등은 푸너리 장단과 거무 장단에 맞추어 무녀는 춤을 춘다. 그러나 무녀는 이외의 춤을 추면서 관객의 흥을 돋우기도 하는데, 이런 춤들은 대개 살풀이·동살풀이·덩덕궁이 등의 장단에 춤을 춘다. 이들 장단은 3소박 4박 장단이지만 굿거리장단과 마찬가지로 김명대는 이를 소박 단위로 인식하여 12박 장단으로 인식한다. 덩덕궁이 장단도 마찬가지로 12박 장단이다. 이들 장단의 차이는 템포의 차이인데, 살풀이는 보통 빠르기의 장단, 동살풀이는 조금 빠른 장단, 덩덕궁이는 매우 빠른 장단이다. 덩덕궁이는 3소박 4박으로 치다가 빨라지면 2소박 4박이 된다.

3) 강릉단오굿 음악의 특징

강릉단오굿의 무악의 장단은 다장多章형식으로 된 것이 많다. 청보 장단은 5장이고, 제마수 장단, 부정 장단, 삼공잽이 장단 등은 3장이다. 이들 장단은 대개 느린 혼소박 장단으로 시작해서 빠르고 단순한 장단으로 진행된다. 장단이 빨라지면서 징점의 밀도도 좁아지고 장구의 변주가락도 다양해진다. 강릉단오굿 무악의 장단은 3+2+3 또는 3+2+3+2의 혼소박 장단이 많은 것도 특징적이다. 특히 3+2+3의 혼소박이 단위를 이루어 5~6박이 하나의 악구를 이루는 장단은 청보 1장, 제마수 1장, 부정 1장, 드렁갱이 1장 등 느린 장단에서 많이 나타난다. 또한 3+2+3+2의 혼소박 4박 장단은 청보 4장, 드렁갱이 3장, 자삼 장단 등에서 나타난다. 이런 혼소박 장단은 복잡한 박자구조로 되어 있고, 장구와 꽹과리가 매우 복잡한 변주가락을 연주하는 점이 동해안 단오굿의 음악적 특징이라 할 수 있다.

강릉단오굿 무악의 가락은 메나리토리로 되어있는데, 이는 mi-sol-la-do'-re'의 5음음계로 된 것이다. 노래는 주로 la음으로 종지하고 느린 템포에서는 mi음을 꺾는다. 하행 선율에서 la-mi의 4도 도약 하행진행도 보이지만 la-sol-mi의 순차 하행진행이 많다. 템포가 빠른 노래에서는 la-mi'의 5도 내의 좁은 음역대에서 순차진행을 하면서 부르는 경우가 많다. 대부분 re'또는 mi'의 고음역에서 질러내어 시작하여 점차 하행하는 선율형이 많다.

5. 김명대의 무속 장구

강릉단오굿의 명인인 김명대는 우리나라 최고의 장구잽이로 꼽힌다. 그 이유는 김명대의 장구가 매우 다양한 변형 가락을 통해 예술성의 극치를 보여주기 때문이다. 김명대의 장구 음악을 《강릉단오제 '무속악'》(사) 강릉단오제보존회, 2013) 음반에 수록된 음악을 중심으로 살펴보고자 한다. 이 음반에 수록된 음악은 푸너리, 드렁갱이, 거무, 배기장, 삼오장, 사자풀이, 동살풀이이고, 김명대의 장구, 김운석의 꽹과리, 설희수의 바라, 김일현의 징으로 연주되었다.

1) 푸너리

푸너리는 3장으로 구성되며 기본적으로 4박 리듬구조로 되어있지만 템포에 따라 징점이 달라지면서 3장 구성으로 된 것이다. 징점을 기준으로 푸너리 1장은 4박 2장단에 걸쳐 징이 1점 쳐지는 8박, 푸너리 2장은 4박 1장단에 징이 1점 쳐지는 4박, 푸너리 3장은 4박 1장단에 징이 2점 쳐지는 2박의 단위로 구성된다.

《강릉단오굿 '무속악'》의 푸너리 1장은 장구의 내드름으로 채편으로 "다다다--- 다다다--- 다다다- 다다다- 다다---- 다다----" 치면서 시작한다. 푸너리의 인트로(intro) 기능을 하는 부분이다. 이어서 장구가 꽹과리, 징과 함께 첫 가락을 시작하는데, 이 부분까지도 도입부이다.

다다	다			다다	다		
다다	다			다다			
다다							

본격적으로 푸너리가 시작되면 장구는 "덩-다다 덩-다다 / 덩-다다 덩다다"하는 푸너리의 기본가락을 치기 시작한다. 푸너리의 시작부분에서 2소박을 "덩-다다"식으로 2분할의 뒷부분의 채편을 16분음표로 분할하는 가락으로 시작하는 것이다. 이런 리듬형은 2박 분할 장구가락에 해당한다. 이런 2박 분할 장구가락은 대개 음악단락을 맺고 징을 치면서 새로운 단락이 시작되는 부분에 많이 나타난다.

덩	다다	덩	다다	덩	다다	덩	다다
덩	다다	덩	다다	덩	다다	덩	다궁
덩	다다	덩	다다	덩	다다	덩	더궁

장단을 마치는 경우에는 "덩 덩 덩 덩"의 양편을 채면서 맺는 경우가 많다.

덩		덩	다다	덩	덩	덩	덩
덩	다다	덩	다다	덩	덩	덩	덩
덩	구구	덩	구구	덩	덩	덩	덩

푸너리 2소박 분할 장구형의 첫 번째 변형은 궁편을 강조하면서 "더구궁-"으로 채편이 아니라 궁편을 분할하는 장구형이다.

더구	궁	더구	궁	더구	궁	더구	궁
더구	궁	더구	구구	더구	구구	더구	궁
더구	궁	더구	더더	더구	더더	더구	더더
더구	구구	더구	구구	더구	구구	더구	궁

김명대 장구의 특징 중 하나는 궁편의 활용이 높다는 것이다. 보통 농악패나 사물놀이에서는 궁편보다는 채편을 활용하여 다양한 변주가락을 만들어내는데, 김명대 장구는 궁편의 활용이 월등히 높다. 또한 궁편의 세기를 조정하여 매우 다양한 음색을 만들어낸다. 이렇게 궁편의 활용이 높기 때문에 궁편의 북소리 효과를 저해하는 북이 동해안 굿판에 편성되지 않는 이유가 되기도 한다. 그러나 김명대는 자신의 장구 연주에서는 궁편보다도 채편이 중요하다고 생각한다. 채편을 이용해 다양한 가락을 만들고, 채편은 엇박에 치기도

하면서 예술적으로 풍부하게 만드는 것이다. 궁편은 어느 정도 원박에 쳐야 하기 때문에 채편을 따라오기만 하면 된다고 생각한다. 그러나 실제 연주에서 궁편의 적극적인 활용을 통해 다양한 가락을 만들어 내는 것은 김명대 장구의 특징이다.

김명대는 궁편을 적극 활용하는 다양한 변주형의 장구형을 통해 푸너리의 다양한 변형을 만들어낸다.

궁	따다	궁	따다
궁	따궁	궁	따궁
궁	따궁	구구	따궁
구구	따궁	궁따	궁
구구	따궁	궁따	궁따

김명대의 장구에서 또 한가지 특징적인 점은 가락의 첫 박을 합장단(덩)으로 시작하지 않고 빠르게 "더궁"으로 갈라친다는 점이다. 우리나라 장단은 대개 첫 박이 합장단인데 비하여 김명대는 첫 박을 갈라 치면서 시작하여 변화를 만들어낸다.

더구	구궁	궁따	궁

더구	구궁	궁따	구궁
더구	따궁	궁따	구궁
더구	따궁	궁따	궁따

푸너리 2장은 템포가 빨라지고 징점이 매 장단 들어가기 때문에 푸너리 1장에 비해 2소박 분할이 비교적 단순하고, 첫 박을 갈라 치지 않고 합장단(덩)으로 시작하는 경우가 많다. 푸너리 2장의 기본 장구가락은 "덩-다다 덩-다다 덩- 덩- 덩- 덩-"으로 후반 2박을 8분음표로 분할하여 맺어주는 가락이다.

덩	다다	덩	다다	덩	덩	덩	덩
덩	다다	덩	다다	덩	덩	덩	따
덩	다다	덩	다다	덩	덩	따	따
덩	궁	덩	궁	덩	궁	따	따
덩	구구	덩	구구	덩	궁	따	따

푸너리 2장의 변형가락에서도 장구의 북편을 강조하여 북편을 분할하는 가락이 많다. 이런 경우에 마지막 4박은 "궁다궁-"으로 장단의 맺음을 확실하게 하는 경우가 많다.

더구	궁	구다	구다	구구	따궁	궁다	궁
더구	궁	더구	궁	구구	따궁	궁다	궁
더구	궁	구다	구다	구구	따궁	궁다	궁
더구	다덩	궁	다궁	구구	따궁	궁다	궁
더구	다덩	덩구	다다	구구	따궁	궁다	궁
더구	다덩	구다	구다	구구	따궁	궁다	궁

푸너리 3장은 매우 빠르고 징점이 한 장단의 제1박과 제3박에 두 번 들어가기 때문에 2소박 리듬을 분할하는 경우는 많지 않다. 오히려 반 박을 먹으면서 "으따"로 치는 경우가 많다.

덩	덩	덩	딱
덩	더구	덩	딱
덩	더구	구다	궁
덩	더구	구다	구다

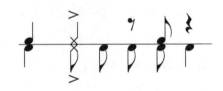

덩	더구	으다	궁
덩	더구	으다	구다
덩	더구	으다	으다

2) 드렁갱이

드렁갱이 1장은 3박(♩+♩+♩.)을 단위 박으로 10박의 한 장단을 이룬다. 드렁갱이 2장은 2소박 10박 장단이다. 드렁갱이 3장은 드렁갱이 2장보다 단위 박이 작은 박(♪)의 10박 장단이다. 그렇기 때문에 드렁갱이 2장과 3장은 10박 장단이지만, 단위 박이 작아지는 것이다. 드렁갱이 4장은 단약 2장 또는 휘모리와 같은데, 매우 빠른 12소박(3소박 4박)이지만, 징점이 두 번 들어가기 때문에 6박 장단으로 인식한다. 드렁갱이도 5장이 있다고 하지만 김명대는 이는 드렁갱이 4장이 빨라진 것일 뿐이지 별개의 장단으로 구분할 수 없다고 한다.

드렁갱이 장단의 기본 장구가락은 3박(♩+♩+♩.)을 "덩-- 덩- 다다-"로 치는 것이다. 이런 장구가락은 드렁갱이가 시작할 때 3회 정도 치면서 드렁갱이 장단의 기본 리듬구조를 알려주는 기능을 한다. 이런 장구가락은 또한 가락을 맺고 새로운 가락이 시작될 때 나타난다. 이후에는 제3박에 여러 변형 가락을 만드는 경우가 많다.

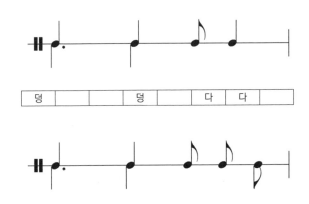

덩			덩		다	다	궁
덩			덩		다다	다	
덩			덩		다다	다	궁

드렁갱이 1장의 변형은 3+3+2박으로 구성된 리듬형이다. 주로 제1박은 "다궁다궁덩-"의 장구가락이 많고, 제2~3박은 궁편을 계속 몰아쳐서 "더구더더궁덩다"의 장구가락이 많다.

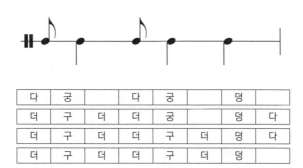

다	궁		다	궁		덩	
더	구	더	더	궁		덩	다
더	구	더	더	구	더	덩	다
더	구	더	더	구	더	덩	

드렁갱이 1장의 제4~5박은 대개 "다궁다궁덩-/덩--덩-다다"의 장구가락으로 3+3+2 / 3+2+3 리듬형으로 맺는 경우가 많다.

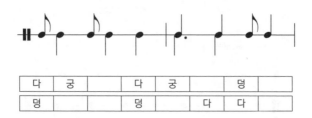

다	궁		다	궁		덩	
덩			덩		다	다	

드렁갱이 2장은 10박 장단이다. 실제로 드렁갱이 2장은 3소박과

2소박이 3+2+3+2 또는 2+3+2+3으로 구성된 10박 장단이다.

덩	덩	덩	덩	다다	덩	덩	덩	덩	다다
덩	덩	덩	덩	다구	덩	덩	덩	덩	다구
덩	덩	덩	덩	다구	덩	덩	덩	더다	구다
덩	덩	덩	덩	덩 다구	구덩	덩	덩	덩 더다	구다
덩	덩	덩	더궁	다 구구	구덩	덩	덩	덩 더다	구다

드렁갱이 2장의 변형은 주로 장단의 전반부에서 나타나는데, 궁
편의 활용이 두드러지게 나타난다.

더구 궁	더구 궁	더구 궁	더구 구구	구구 구
더구 궁	더구 궁	더구 궁	더구 더더	궁 더구
더구 궁	더구 더더	궁 더구	더구 덩	더구 더구
더구 더구	덩 더구	더구 덩	더구 더구	덩 더구

드렁갱이 2장의 장단의 후반부는 첫 박에서만 변형이 나타나고

제2~4박은 일정한 형태로 종지감을 강조한다.

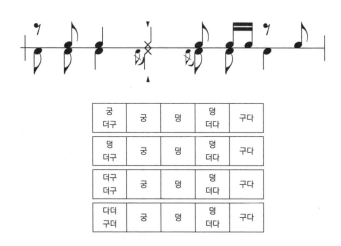

궁 더구	궁	덩	덩 더다	구다
덩 더구	궁	덩	덩 더다	구다
더구 더구	궁	덩	덩 더다	구다
다더 구더	궁	덩	덩 더다	구다

드렁갱이 3장은 드렁갱이 2장과 마찬가지로 3소박과 2소박이
3+2+3+2 또는 2+3+2+3으로 구성된 5소박 2박의 10박 장단이
다. 그러나 드렁갱이 3장은 드렁갱이 2장에 비해 템포가 빨라지기
때문에 박에서의 분할이 많이 이루어지지 않는다. 드렁갱이 3장도
드렁갱이 2장과 마찬가지로 변형 가락은 장단의 전반부에서 많이
나타난다.

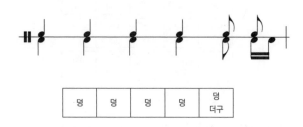

덩	덩	덩	덩	덩 더구

덩	덩	덩	덩	덩 다다
덩	덩	덩	궁 구구	더더
덩	덩	덩	덩 구구	더더
덩	덩	덩	궁 다더	더더
덩	덩	덩	궁 다다	다다
덩	덩	덩	더구	더더
덩	덩	덩	더구	더구
덩	덩	더더	구더	구더
덩	구	다더	구더	더구

드렁갱이 3장도 드렁갱이 2장과 마찬가지로 장단의 후반부는 일정한 장구가락을 반복하면서 종지감을 강조한다. 드렁갱이 3장에서는 "구구덩-덩-궁-덕"으로 가락을 종지하는 경우가 많다.

구구	덩	덩	궁	덕
구구 더	다더 더	더더	구더	궁
구구 더	궁	더더	구더	궁
구구 더	구구 더	더더	구더	궁
구더	더구	더구	구더	궁

드렁갱이 4장은 단약 2장 또는 휘모리와 같은데, 매우 빠른 12박(3소박 4박)이지만, 징점이 두 번 들어가기 때문에 6박 장단으로 인식한다. 드렁갱이 4장은 "덩- 덩- 덩다 덩- 덩- 덩다"의 장구가락으로 시작하는데, 이것이 기본적인 장구가락이다. 이후에는 다양한 변주 가락을 통해 음악을 만든다.

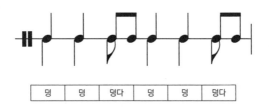

| 덩 | 덩 | 덩다 | 덩 | 덩 | 덩다 |

가장 기본적인 변주 가락은 한 박을 2소박으로 나누는 것이다. 이런 경우에 "더구더구더구", "구다구다구다", "더구구다구다" 등의 다양한 장구 가락을 만들어서 변주 가락을 만든다.

더구	더구	더구	더구	더구	더구
구다	구다	구다	구다	구다	구다
더구	구다	구다	구다	구다	구다
더구	-다	더구	-다	더구	-다
구다	더구	다더	구다	더구	다더
구다	구다	구다	구다	구다	궁

음악의 단락을 맺는 경우에는 "더구더구더구덩-덩-덩-", "더구
더구더구덩-덩---" 또는 "더구더구더다덩-덩-덩-", "더구더구더구
덩-덩---" 등의 가락으로 안정적인 종지감을 주는 경우가 많다.

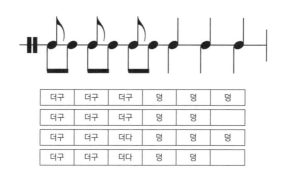

더구	더구	더구	덩	덩	덩
더구	더구	더구	덩	덩	
더구	더구	더다	덩	덩	덩
더구	더구	더다	덩	덩	

3) 거무

거무는 3장으로 구성된다. 거무 1장은 장구의 내드름이 1장단
으로 시작하여 꽹과리와 징이 합쳐지면서 거무 1장이 시작한다. 첫
가락에서는 2소박 3박이 넷 모인 2소박 12박이 되고, 꽹과리가 "개
갠- 갱— 개갠-"으로 2소박 3박을 친다. 이때 징은 2소박 12박에 3
점이 들어간다.

꽹	개갠	갠	개갠	개갠	갠	개갠	개갠	개갠	갠	개갠	갠	개갠
장	더다	덩	더다	더다	덩	다구	더다	더구	다구	더다	덩	더더더
징	징			징			징					

거무 1장이 본격적으로 시작하면 징점은 12박에 1점씩 들어간
다. 거무 1장의 6박이 전반부와 후반부를 이루는데, 후반부는 대개
"덩 덩 다다닥" 또는 "더구 덩 다다닥" 등의 가락으로 종지가락을
이룬다.

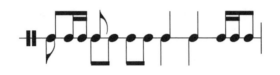

덩 더더	더 구	구 구	덩	덩	다다 닥
덩 더더덕	더 구	구 구	덩	덩	다다 닥
덩 더더덕	더 구구	더 구구	덩	덩	다다 닥
덩 덕	더 구구	더 구구	덩	덩	다다 닥
덩 덕	더 구구	더 구구	덩	덩	다다 닥
덩 더더덕	더 구	더 구	더 구	덩	다다 닥
덩 구구	더 구	더 구	더 구	덩	다다 닥

거무 1장의 전반부는 2소박의 다양한 변형으로 나타난다. 특히
가락을 맺고 시작할 때는 주로 "덩 덩 덩 덩"으로 합장단을 반복하
여 강조하면서 시작한다.

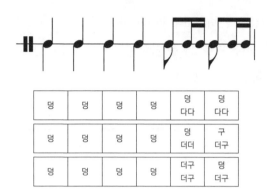

덩	덩	덩	덩	덩 다다	덩 다다
덩	덩	덩	덩	덩 더더	구 더구
덩	덩	덩	덩	더구 더구	덩 더구

이후에는 첫 박부터 다양한 변형 가락을 만든다. 2박을 16분음
표로 나누는 가락이 다양한 방법으로 나타난다.

덩 구구	덩 구구	덩 구구	덩 구구	더구 구구	더구 구
덩 구구	덩 구구	덩 구구	덩 구구	더구 구구	구 더구
덩 구구	덩 구구	덩 구구	덩 구구	더구 더더	구더 더구
덩 구구	덩 구구	덩 구구	덩 구구	더구 더구	더구 더구
더구 구	구더 구더	구더 구더	더더 더더	구더 구	덩 더더
더구 구	구더 구더	구더 구더	구더 구	구더 구더	구구 더구
더구 구더	구더 구더	구더 구더	더구 더더	구더 구더	더더 더구

거무 2장은 12박(3소박 4박)이 한 장단을 이루고, 매 장단의 첫 박에 징을 친다. 거무 2장은 가락이 시작할 때는 "덩 덩 덩"의 합장 단을 반복하면서 시작한다.

덩	덩	덩	다	덩	다	덩	다	다	덩	다	다
덩	덩	덩	다	덩	다	덩	다	덩	덩	다	덩
덩	덩	덩	다	덩	다	덩	다	덩	다다	궁	닥
덩	덩	덩	더다 궁	다	궁	덩	다	덩	다다	궁	닥

변주 가락 중에는 "덩 -기다 덩다다다다"와 같은 굿거리 형태의 가락이 많다.

덩		기다	덩	다다	다다	덩	다다	다다	덩	다다	다다
덩		기다	덩	다다	다다	더다	다다	다다	더다	다다	다다
덩		기다	덩	다다	다다	더구	구다	구다	구다	구다	궁
덩		기다	덩	다다	다다	더더	구다	구구	다더	구	덩

전반부에 가락을 나누는 경우가 많은데, 대개 종지는 "덩 다 덩 다다궁닥"으로 마치는 경우가 많다.

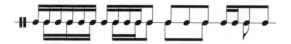

다구	다구	다구	다구	다구	덩	덩	다	덩	다다	궁	닥
다구	구다	구다	구더	구더	덩	덩	다	덩	다다	궁	닥
다구	덩	구다	구더	구구	더구	덩	다	덩	다다	궁	닥
다구	구다	구다	구	더	더구	덩	다	덩	다다	궁	닥
더구	구	다	덩	다다	다다	더구	구	다	덩	다다	다다
더구	구다	구다	덩	더구	다	더구	구다	구다	구더	구더	궁

거무 3장은 12박(3소박 4박)이 한 장단을 이루고, 장단의 매 박에 징을 친다. 거무 3장은 템포가 매우 빠르기 때문에 소박의 분할이 ♩♪ 또는 ♪♩ 정도로만 이루어진다. 그러나 이를 활용한 다양한 변형이 나타나기 때문에 장구 가락은 매우 다양하다.

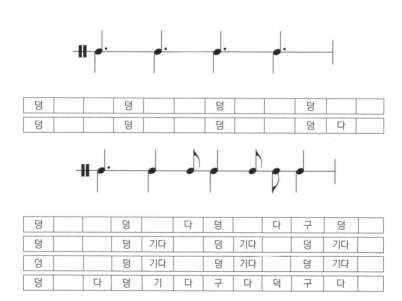

덩			덩			덩			덩		
덩			덩			덩			덩	다	

덩			덩		다	덩		다	구	덩	
덩			덩	기다		덩	기다		덩	기다	
덩			덩	기다		덩	기다		덩	기다	
덩		다	덩	기	다	구	다	덕	구	다	

앞서 언급했듯이 김명대의 장구에서는 첫 박의 합장단을 갈라 치는 경우가 많은데, 거무 3장에서도 이런 경우가 많이 나타난다.

다	구		덩		다	덩		다	구	다	
다	구		덩		다	구	다	다	구	다	
다	구		다	구	다	구	다	다	구	다	
다	구		덩	구	다	덩	다	다	구	다	

거무 3장에서는 3+3소박을 2+2+2소박의 헤미올라(hemiola) 리듬도 나타난다. 이런 헤미올라 리듬을 판소리에서는 '완자걸이'라 고 하는데, 농악의 삼채나 판소리의 자진모리 등 빠른 장단에서 리 듬의 변형을 만들기 위해 자주 사용하는 리듬이다.

덩		구		다		덩	다	다	덩	다	
덩		구		다		구	다	다	구	다	
덩		구		구		구	기다	덩	구	다	

4) 배기장

배기장 장단은 3장으로 구성된다. 배기장 1장은 혼합3박(♩+♩

+♩)이 4개로 이루어져 한 장단을 이룬다. 배기장 2장은 ♪을 단위 박으로 5박(♪♪♪♪♪)이 4개로 이루어져 한 장을 이룬다. 3장은 ♪을 단위 박으로 12박이 한 장단을 이룬다. 배기장은 각 장별로 징을 2 점 친다.

배기장 1장 기본형은 "덩— 덩- 더더더"의 3박(♩+♩+♩) 가락으로 서, 이 가락은 특히 장단이나 악구를 맺어줄 때 종지형 가락으로 많 이 쓰인다.

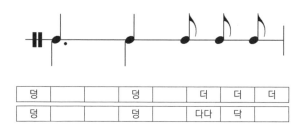

기본형의 변형으로 가장 많이 나오는 가락은 "더궁- 더궁- 닥-" 의 3+3+2의 8박 가락으로서, 이는 장단의 첫 머리에 나오는 경우가 많다. 이렇게 3+3+2의 변화형을 만들어서 리듬의 변화를 추구하는 것은 고도의 예술성을 표현하는 것이다.

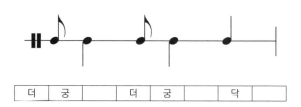

배기장 1장에는 이외에도 다양한 변형 가락이 나오는데 주로 궁편을 강조하는 것이 특징적이다. 이런 변형 가락은 3+2+3 또는 3+3+2의 다양한 리듬으로 표현된다.

구구	덩			덩	구구	덩	덩	
구구	구	구	덩	구	덩	구	덩	
구구	덩	덩	덩		구구	덩		
구구	덩	구	덩	구	구구	덩		

배기장 1장에도 첫 박을 합장단으로 치지 않고 갈라 치는 경우가 나타난다.

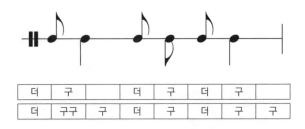

| 더 | 구 | | 더 | 구 | 더 | 구 | |
| 더 | 구구 | 구 | 더 | 구 | 더 | 구 | 구 |

배기장 2장은 ♪을 단위 박으로 5박 넷이 한 장단을 이룬다.

덩	덩	덩	덩	다구	덩	덩	덩	덩	다구
덩	덩	덩	덩	덩 다구	구덩	덩	덩	덩 더다	구다

배기장 2장의 변형은 주로 전반부에서 나타나는데, 궁편의 활용이 두드러지게 나타난다.

더구 궁	더구 궁	더구 궁	더구 더더	궁 더구	궁 더구
더구 궁	더구 더더	궁 더구	더구 덩	더구 더구	더구 더구
더구 더구	덩 더구	더구 덩	더구 더구	덩 더구	덩 더구

배기장 2장의 후반부는 첫 박에서만 변형이 나타나고 제2~6박은 일정한 형태로 종지감을 강조한다.

덩 더구	궁	덩	덩 더다	구다	구다
더구 더구	궁	덩	덩 더다	구다	구다

다더 구더	궁	덩	덩 더다	구다	구다

배기장 3장은 12박(3소박 4박) 장단이다. 3박을 ♩♪ 또는 ♪♩로 구분하는 경우가 많은데, 특히 장단의 종지에서는 ♪♩ 리듬으로 종지감을 강조하는 경우가 많다. 가락이 진행될수록 3박을 ♪♪♪ 으로 분할하는 리듬이 많다.

덩			덩		다	덩		다	구	다	
덩			덩		더	덩	다	다	구	다	
덩		더	덩		더	궁	다	다	구	다	
덩	구	다	구	다	더	덩	구	다	구	다	
덩	구	구	다	구구	더	궁	더	구	덩	구	
구	다	더	구	다	더	구	다	더	궁	더	
구	더	구	더	구	더	더	구	더	구	더	구

배기장 3장에서도 3+3의 3박을 2+2+2의 헤미올라 리듬이 나타난다. 3박 리듬이 빨라질 경우에는 헤미올라 리듬을 많이 쓰는데, 이는 강릉단오굿 뿐만 아니라 판소리의 자진모리와 농악의 삼채와 육채 등에서도 많이 나타난다.

덩	덩	덩	덩	다	다	덩		다
덩	덩	덩	구	다	더	구	다	
덩	덩	덩	구	다	구	구	다	궁

5) 삼오장

삼오장은 세존굿에서 무녀가 〈당금애기〉 서사무가를 모두 부르고 승려가 속세에 내려오는 모습을 형상화한 춤을 출 때의 반주 음악이다. 삼오장은 3장으로 구성된다.

삼오장 1장은 2소박 5박이 기본 단위를 이루고, 5박 여덟이 모인 5X8의 40박이 한 장단을 이룬다. 징은 제4, 5, 6, 8 장단에 1점씩 네 번 쳐진다. 삼오장 1장은 중간에 양중이 "중아_ 중아_" 하는 무가를 구연하고 삼오장 2장으로 넘어간다(〈보례 37〉 참조).

삼오장 1장의 전반부 5박은 대개 "덩 덩 덩 덩 덩"의 합장단을 치거나 이를 분할한 가락이 나타난다.

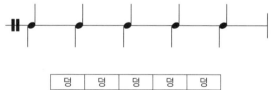

덩	덩	덩	덩	덩
덩	덩	덩	덩	덩 덩
덩	덩	덩	덩	덩 다구
덩	덩	덩	더 다다	덩 다구

변형 가락에는 앞의 3박에 잔가락을 넣는 경우가 많다. 이 경우에 대부분 채편으로 잔가락을 넣는 경우가 많다.

덩	덩	덩		
다다	다다	다다	덩	덩

덩	덩	덩	더	
다다	다다	다다	더	덩

덩	덩	덩	더	덩
다다	다다	다다	더	다구

후반부로 갈수록 궁편의 활용이 두드러지면서 궁편의 잔가락이 많아진다.

덩	덩	덩	더	덩
구구	구구	구구	더	구구

더구	더구	더구	더	
구	구	구	더	덩

더구	더구	더구	더	덩
구	구	구	더	다구

삼오장 1장의 후반부 5박은 장단을 맺는 가락으로 "더더 덩" 또는 "덩 더다 구닥" 등의 가락이 많이 나타난다.

덩 다다	덩 다다	덩 다다	더 더	덩
더구 구	더구 구	더구 구	더 더	덩
웃 더	덩	덩	덩 더다	구 닥
구 더	덩	덩	덩 더다	구 닥
구 더	다 구	궁	덩 더다	구 닥

　　삼오장 2장은 3소박과 2소박이 3+2+3+2의 10소박이 단위를 이루는데, 김명대는 이를 10박으로 인식한다. 삼오장 2장은 10박이 넷 모인 40박이 한 장단을 이루고, 징은 제1, 2, 3 장단에 한 번씩 치는데, 제1장단에는 징 2점이 쳐진다.

덩	다	다	다		덩	다	다	다	
징					징				
덩	다	다	다	다	덩	기다	다	다	
징									
덩	다	다	구	다	덩	다	다	구	다
징									
덩	다	다	구	다	덩	다	다	구	기다

삼오장 3장은 12박(3소박 4박)이 한 장단을 이루고, 두 장단이 모여 한 악구를 이룬다. 징은 제1장단의 제1, 4, 8박, 제2장단의 제1박에 4점을 친다.

덩			덩			덩		다	다	다	
징			징				징				
덩	다	다	구	다		덩		다	구	다	
징											

6) 사자풀이

사자풀이 장단은 12박(3소박 4박) 장단이다. 사자풀이 1장은 한 장단에 징 1점을 치고, 사자풀이 2장은 템포가 빨라지면서 한 장단에 징 2점을 쳐서 6박(3소박 2박)이 한 악구를 이룬다. 사자풀이 가락은 매우 다양한 변형이 조합을 이룬다.

덩			덩			덩		다	구	다	
덩			덩			덩		다다	구	다	구
덩			덩			덩		다다	구	다	구다

덩		기다	덩		기다	덩		다	궁		
덩		기다	덩		기다	궁		다	구	다	
덩		기다	덩		기다	다다	다		구	다	구

다	구		다	구		다다	다	다	다	구	
다	구		다	구		다다	다	다	구	다	구

7) 동살풀이

동살풀이 장단은 12박(3소박 4박) 장단이고, 한 장단에 징 2점을
쳐서 6박(3소박 2박)이 한 장단을 이루기도 한다. 사자풀이 가락은 6
박을 단위로 매우 다양한 변형이 조합을 이룬다.

덩		더	더	다	다
덩		더	더	구	다

덩		더	다다	구	다
덩		더	기다	구	기다
덩	다	기다	기다	구	다

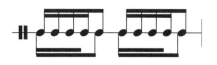

더다	다다	덩	더다	다다	덩
더다	다다	덩	다다	구	다
구다	다다	덩	다다	구	다

더구	구	구	더구	구	구
더구	구	구더	구더	구더	구
더구	구	더구	구	더구	구
더구	구	기다	구더	구더	구
더구	구더	구구	더구	구더	구구
구구	더구	구더	구구	더구	구더

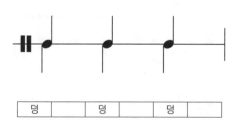

덩		덩		덩	

6. 강릉단오굿 음악의 특징

강릉단오굿의 음악은 세습무악권이고 타악기 중심의 음악이다. 강릉단오굿에서 양중들에 의해 연주되는 타악 가락은 매우 복잡하고 정교한 음악적 구조를 갖는 것이며, 이를 연주하는 양중들은 예술성의 극치를 보여준다.

강릉단오제의 무악 가락은 다장多章 형식으로 된 것이 많다. 이들 장단은 대개 느리고 복잡한 장단으로 시작해서 빠르고 단순한 장단으로 진행된다. 예를 들어 강릉단오굿에서 가장 많이 들을 수 있는 장단은 청보장단인데, 이는 5장으로 이루어지는 것으로서 느린 청보 1장으로 시작해서 점점 몰아가서 빠른 청보 5장으로 이어진다. 청보 장단은 무당이 노래 한 장단을 부르고 양중들의 타악이 한 장단을 받는 형태로 이뤄진다. 서사무가를 부르는 제마수 장단은 3장으로 이루어진 것이고, 부정 장단, 삼공잽이 장단, 드렁갱이 장단 등 강릉단오굿에서 연주되는 대부분의 가락은 다장 형식으로 된 것이고 무녀의 노래와 양중의 타악이 교대되는 형식을 갖는다. 강릉단오굿의 가락은 음악적으로 분석하면 이렇게 단순해 보이지만, 실제로 동해안 굿판에 가면 매우 복잡한 변주를 연주하기 때문에 초보자는 청보 장단의 박자를 잡기도 쉽지 않을 정도이다.

강릉단오굿 무악의 가락은 메나리토리로 되어있는데, 이는 대개 '미-솔-라-도-레'의 5음음계로 된 것이다. 메나리토리는 육자배기토리와 비슷하지만 전라도 음악에서의 굵은 떠는 소리나 꺾는 소리가 약화된 것이다. 메나리토리에서는 '라-솔-미'로 밟고 내려오는 하행 선율이 특징적으로 나타나는데, 이는 동부지만의 굿음악이나 민요에서도 두루 보이는 것이다.

강릉단오굿 무가에서 특히 중요한 것이 서사무가이다. 서사무가
는 주로 제마수 장단에 얹어 부르기 때문에 제마수 무가라고도 한
다. 강릉단오굿에서 서사무가를 부르는 경우는 세존굿(시준굿, 제석
굿 혹은 중굿), 심청굿, 손님굿, 제면굿 등이다. 서사무가는 장구로만
반주하면서 무당이 길게는 3시간 이상이 소요되는 긴 서사무가를
부른다. 서사무가는 오랜 경험을 가진 숙련된 무당이 아니면 부르기
어려운 것이기 때문에 강릉단오굿에서는 무당의 기량을 평가하는
기준으로 서사무가의 구연 능력을 든다. 굿판에 모인 할머니들은 무
당의 노래를 들으면서 울고 웃는데, 이는 마치 판소리 공연장을 연상
시킨다.

김명대를 비롯한 강릉단오굿의 양중들은 세습무가 출신이기 때
문에 태어나면서부터 뛰어난 음악성을 갖는 생득된(ascribed) 예술
가이다. 그들은 엄마의 뱃속에서부터 굿판의 음악이 태교음악이 되
고, 태어나면 무당인 부모를 따라 굿판을 다니며 음악을 몸으로 익
힌다. 양중들은 어린 나이에 장구를 치면서 음악을 학습 받는다. 이
런 성장환경으로 말미암아 양중들은 일반인이 상상할 수 없이 뛰
어난 예술성을 선천적으로 타고난다. 김명대의 무속장구는 이런 전
통적인 양중의 음악성을 온전하게 보여주는 사례이다. 김명대는 장
구의 다양한 변형 가락을 통하여 전통적인 굿음악을 뛰어난 예술로
승화시킨 음악인이라 할 것이다.

부록__양중들의 굿놀이 〈지탈굿〉

강릉단오굿에서는 양중들만의 굿놀이인 지탈굿을 연행한다. 지
탈굿은 종이紙로 만든 탈을 쓰고 노는 놀이이다. 양중들이 연행하
는 지탈굿은 강릉뿐만 아니라 경상북도 영덕군과 울진군까지 동해
안 지역의 굿에서 광범위하게 연행되는 굿이다.[1] 지탈굿은 부부의
화목과 자녀의 순산을 기원하고 사고나 질병으로 장애자가 되지 않
기를 바라는 등 가정과 마을의 나쁜 액을 막는 목적으로 연행한다.
지탈굿은 양중들의 입담과 행위로 관중에게 웃음을 선사하는 굿거
리로서, 양중들의 예능적 능력을 최대한 발휘할 수 있는 굿거리이
다. 현재 강릉단오굿의 지탈굿은 김명대가 선대부터 전승되어 오던
것을 제자들에게 교육시켜 연행하는 것이다. 이날 지탈굿은 빈순애
무녀가 구음과 노래를 불렀고, 김용택 양중이 장구를 맡았다.

지탈굿은 무녀의 구음과 "서울 애기 나온다"는 노래를 부르면서
서울 애기를 굿판에 청해 들이면서 시작한다. 서울 애기는 흰 가면
에 홍치마와 하늘색 저고리를 입고 청쾌자를 입었다. 이 노래는 mi-
la-si-do'-re'의 음계이고, mi는 떠는음이고 si는 꺾는음으로 육자
배기토리의 음조직으로 된 것이다. 노래의 장단은 3소박 4박의 굿거
리장단이다.

---

1   김신효, 「동해안 탈굿의 변화양상과 요인」, 『한국무속학』 제16집 (한국무속학회, 2008),
     99쪽.

〈보례 1〉 지탈굿 중 〈서울 애기 나온다〉 (빈순애 노래/ 김용택 장구/ 이용식 채보)

> 서울 애기 춤 잘 춘다~
>
> 서울 애기 잘 친다
>
> 서울 애기 ~
>
> 오월이라 단오날에
>
> 강릉 남대천 굿당에
>
> 서울 애기 춤을 추고 덩실덩실 내려온다

서울 애기가 나오면 무녀는 양반이 나오는 노래를 부르면서 양반을 굿판에 청한다. 양반은 흰 가면에 검정 정자관을 쓰고 흰 도포를 입었다. 이 노래는 앞의 노래와 거의 같은 가락에 사설이 다르다.

양반과 서울 애기 춤추는 장면

〈보례 2〉 지탈굿 중 〈양반 나온다〉 (빈순애 노래/ 김용택 장구/ 이용식 채보)

양반이 나오면 무녀의 노래에 맞추어 서울 애기와 양반이 춤을 추면서 논다. 이 노래도 앞의 노래와 거의 같은 가락에 사설이 다르다.

> 서울 애기 잘 놀고
> 사대부도 잘 논다
> 뒤에는 팔대부고

앞에는 사대부 서울 양반

서울 애기 ~

춤 잘 추고 발끗 웃는다

디리디 디리딘디 디야

두리둥둥 둥둥 두리둥둥 둥둥 덩덩

서울 애기와 양반이 춤을 추는 가운데 무녀가 구음을 하는 와중에 "어둥이도 나오고 삭불이도 나오고~" 하면서 어둥이와 삭불이가 나온다. 장단이 허튼타령(2소박 6박)으로 바뀌면서 넷이서 춤을 춘다. 무녀의 구음이 시작되면서 장단은 다시 굿거리로 바뀐다. 어둥이와 석굴이가 양반에게 쫓겨 들어간다. 양반은 장구잽이와 대화를 나눈다.

양반: 아 내가, 앞에는 사대부요, 뒤에는 사대부라.

장구잽이: 저, 서울 놈이…

양반: 아이구, 말도 안 나오네. 내가. 동네 사람요, 내 이력을 함 들어보소. 내가 주딩이가 까축 깍거나 말거나 (장구잽이: 옳지, 잘 생겼다) 내가 우리 마누라 얻어다가 아들 두 놈 낳는게, 한 놈은 삭불이고, 한 놈은 어둥이고. (장구잽이: 그렇다) 그래가 잘 살다가, 오늘 갑자기 서울 애기, 이 호량년을 알아가, 그 호량년한테 바람이 나가, 내가. 집을 다~ 갔다 팔아가, (장구잽이: 그래 재산, 그래) 그 호량년 밑구녕에 갔다가 싹~ 다 쳐넣고. (장구 더러러러), 안방에 가면, 암탉 수탉 병아리, 고 계란까지 고 호량년 밑구녕에 다 갔다 쳐넣고. (장구 더러러러) (장구잽이: 잘 여었다) 아이구, 죽파 가면, 암소 숫소, 아이고 송아지, 그 송아지 불알까지 저 호량년 밑구녕에다 다 쳐옇고. (장구 더

러러러) (장구잽이: 마~ 그렇지) 아이구 아까버라. 마당에 가면, 암캐 숫
캐 똥개 흰개 식개까지 그년 밑구녕에 다 갔다 쳐옇고. (장구 더러러
러) 아이구, 내가 이렇게 했는데, 아이구, 동네 사람요, 우리 서울 애
기 못 봤는교?

　　장구잽이: 그래 아까 거, (야) 서울 애기 잘~ 놀더라.

　　양반: 누캉 놀덜교?

　　장구잽이: 그래 그, 싹불이 하고, 어둥이 하고 같이.

　　양반: 아이고 뭐라꼬요? 저런 죽일 니기미 씨발놈들하고 놀드라
구요.

　　장구잽이: 그래. 니 아~들하고 같이 놀더라.

　　양반: 내가 서울 애기 찾으로 갈라꼬, 내가 지금 이래 올라 갈라
하는데, 자, 소를 메아가지고, 장구를 메고, 북을 메아서, (장구잽이:
옳다) 가죽을 메서 북을 메고, (장구잽이: 그렇지) 사장구 복판에 덩~
실 덩~실 덩~실 좋~다.

　　무녀의 구음과 굿거리장단에 맞추어 양반은 서울 애기와 춤을
춘다.

　　　　서울 애기 잘도 놀구

　　　　서울 양반 잘도 놀구

　　　　앞에는 사대부요

　　　　뒤에는 팔대부요

　　　　어 디~ 디야 아~

　　무녀의 노래에 맞추어 할머니가 나온다. 할머니는 흰 가면인데

얼굴이 못 생겼다. 초록색 머리수건을 하고 노란 저고리에 빨간 치마를 입었는데 옷이 짧아서 배가 드러난다. 손에는 광주리를 들었다. 노래의 가락은 양반이 나오는 대목과 같고 사설이 다르다.

> 할머니가 나오네
> 할머니가 나온다
> 할머니 나온다
> 영감 찾으러 나온다

할머니가 나오면 장구잽이와 대화를 시작한다.

장구잽이: 자, 박수 좀 쳐주소, 박수. 아이고 할미, 그래 뭐하러 이렇게 음식을 얻어와 여 와 단오장에 다 쏟아부렀나.

할매: 여봅소, (장구잽이: 옳지) 내가 누군지 모르죠? 내가 누군지 모르죠? (장구잽이: 어, 그래) 궁금하면 500원. 내가 누군고 하이, (장구잽이: 그렇지) 저~ 서울 허고, 노을에 살고 있는데.

장구잽이: 그래, 싹불이 애미 아이가.

할매: 내가 싹불이 어마이거든요.

장구잽이: 그래, 어둥이 어마이고?

할매: 내 여 왜 왔나 이러면 (장구잽이: 그래) 우리 그 잘나디 잘난 그 영감탱이가.

(상황: 줄에 병들을 묶어 치마에 묶는다)

장구잽이: 거, 뭐 하러 주렁주렁 달아가.

할매: 내가 올 적에 신발 한 짝 잃아부렸는데, (장구잽이: 어~) 신발 한 짝 찾아야된다. 내가, 저~ 우리 잘나디 잘난 영감이 (장구잽이:

어~) 서울 애기라는 기생한테 쏵~ 반해가 (장구잽이: 그래 맞다) 그 많디 많은 재산을, 내 밑에다 쳐여은게 아니라, 서울 애기 그 밑에 갖다 쳐너뿔고, (장구잽이: 그렇지) 그리구 우리 쏵불이하고 어둥이는 즈그 아바이 찾으러 간다고, 집을 나간지 3년하고 석 달 열흘 됐는데, (장구잽이: 그렇지) 내가 여~ 우리 아~들 찾으러, 오늘 거 혹시나 싶어가, 강릉 단오제에 축제하는 데 이래가

장구잽이: 그래 아께 이래 와 서울 애기하고 잘~ 놀더라.

할매: 그래 내가, 저~ 가만 있거라. 얘기 하다보니 왜 이리 찌끄럽노. 내가 3년 동안 내가 못 씻었거든. (장구잽이: 그러제) 아이구 찌그러버라.

(상황: 할매는 몸이 가려워서 여기저기 긁으면서 이를 잡는다.)

장구잽이: 그래 덥다. 아이고. 이도 많구나. 그 마, 지근지근 씹어라.

할매: 아이구 덥다. 아이구 더워래이~ 오다보니까 강릉 단오 한다고, 저~ 대관령을 넘어 오는데, (장구잽이: 그래) 풍악 소리가 들리는기라. 그래 내가 기분이 좋아갔고.

(상황: 장구 장단에 맞춰 잠시 춤을 춘다.)

할매: 이래 춤을 추다가. (장구잽이: 그래) 목이 말라가지구 내가 물을 아흔 아홉 바가지를 먹었거든.

장구잽이: 물도 많이도 먹었다.

할매: 그래 내가, 이눔의 배가 얼마나 기 나왔는지. (장구잽이: 그렇지) 요 물배다, 내 배가 아니고.

장구잽이: 뭐, 오줌이 싸왔노.

할매: 가만 있거라. 내가 오줌이 매라 죽겠다. 가만 있거래이.

장구잽이: 그러 거.

할매: 일단 오줌 좀 눟고. 보지마래이.

장구잽이: 거 오줌, 거 바가지 좀. 옳다.

(상황: 할미가 제상 앞의 바가지에 오줌을 싼다. 관객석에서 웃음이 나온다.)

장구잽이: 아이고 많이도 싼대이. 그래. 그거 어디 버릴 데 어딨 노.

할매: 느그 오줌 누는 거 처음 보나? 가시내들. 느그도 오줌을 싼다. 내가 그래 요걸 갔다가, 그래도 내가 명색이 그래도 양반집 마나님인데, (장구잽이: 옳지) 함부로 버릴 수 없거든. (장구잽이: 아~) 그래 가만 있거라, 거름, 거름이라도 줘야 되겠다.

(상황: 관객석을 어슬렁 거리다 관객에게 물을 뿌린다.)

장구잽이: 아이고, 물 한 번 되게 걸다.

할매: 내가 여 이래 왔는데, (장구잽이: 옳지) 그래도 내가 뭐, 우리 여 보니까 뭐 친구도 있고.

장구잽이: 그래 영감도 한 번 찾아보고.

할매: 찾아보고, 이래 해야 되는데. 내가 이래 신세타령이 한 소리 하고 싶다. (장구잽이: 그렇지) 잘은 못 하지만, 그래도 내가. 가만 있거라, 아이고.

할매가 바닥에 앉아 신세타령을 중모리 장단에 맞춰 부른다.

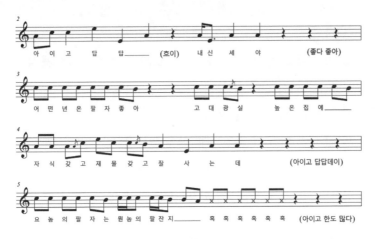

〈보례 3〉 지탈굿 중 할매 신세타령 (김명대 노래/ 김용택 장구/ 이용식 채보)

할매 신세타령 부르는 장면

할매는 노래를 부르다 감정이 격해지고 울면서 관객석으로 들어
간다.

장구잽이: 영감, 서울 애기한테 뺏겨뿔고…

할매 무대로 등장한다. 장구잽이는 장구를 "덩 덩 덩 덩 덩 덩"

두드린다.

할매: 하이고, 누가 내 속을 알아주노? (장구잽이: 예~) 이제 내가, 가만 있거라, 아까 전에 내가, 마.

장구잽이: 싹불이 한번 불라봐라.

할매: 내가 아까 다 긁었는데, 다 긁었는데, (장구잽이: 그래) 제일 중요한 데 한 군데 내가 안 긁었다. (장구잽이: 아~) 3년 동안 내가 긁고 싶어도, 마, 간지러와 미치겠더라. (장구잽이: 어~) 그럼 누가 인저, 가만 있거라.

(상황: 할매 관객석으로 들어간다.)

장구잽이: 아이고, 어데로 가노?

(상황: 할매 관객석에서 남성 관객 한 명 끌고 들어온다.)

장구잽이: 박수 한 번 쳐주세요.

(상황: 할매가 남성 관객과 껴안으면서 놀다가 관객을 들여보낸다.)

할매: 박수 한 번 쳐주이소.

장구잽이: 그래, 값 받아라, 값, 값.

할매: 값 받아야 되는데, 쫌 있다 받아야겠네. 내 이제 시원하게 다 풀었으니까네 이제 우리 아들 싹불이 하고 어둥이 찾아야 되는데, 어디서 찾노.

장구잽이: 그래, 한 번 불라봐라.

(상황: 이마에 오른손 갖다 대고 멀리 찾는 시늉을 하며)

할매: 싹불애이~

(상황: 할매 싹불이 찾으로 관객석으로 들어간다)

장구잽이: 아이고, 싹불아~ 싹불애이~ 어둥아~

(상황: 할매가 음악 소리에 맞춰 무대로 돌아온다)

할매:야가 저그 아버지 처닮아가, 그래도 양반 새끼라고 꼭 세 번 불러야 되거든. (그렇지) 마지막으로 한 번 불러봐야겠다. (아~) 싹불아~ 어둥아~

(상황: 음악 소리에 맞춰 관객석 뒤쪽에서 싹불이가 나오고 무대 뒤쪽에서 어둥이가 등장하고, 할매는 반가워 덩실덩실 춤춘다. 셋이 무대에서 함께 춤 춘다)

장구잽이: 잘 논다.

할매: 아이구, 찾았다, 그래. 야가 싹불이고, 야가 어중인데, 잘 생겼죠?

장구잽이: 자, 엄마 닮아가지구 잘~ 생겼다.

할매: 박수 한 번 치소, 그래.

장구잽이: 얼굴 똑 같다.

할매: 야들이 그래도 즈그 어마이 효도 한다꼬, 즈그 아바이 찾으로 나왔는데. 가만 있거라, 야 싹불아, (싹불이: 와?) 느그 아버지 찾았나?

싹불이: 저~ 못 봤다.

장구잽이: 그래 서울 애기랑.

할매: 정말 못 봤나?

싹불이: 못 봤다. 못 봤다.

할매: 그래?

싹불이: 나는 못 만났다.

할매: 어둥이 니는, 니는 느그 아버지 봤나?

(상황: 어둥이 고개 설레 설레. 할매가 발로 어둥이 찬다)

장구잽이: 그래 서울 애기 하고 잘 놀아 제치더라.

삭불이: 내가 저기 단오장에 가가지구 (할매; 응) 체험마당에 갔었
는데, 아버지 하구 서울 애기 하구, (장구잽이; 옳지) 배꼽을 딱 맞추
더니 (상황: 할매와 배를 딱 맞춘다) 쿵닥 쿵닥 쿵따쿵 덩따 덩따 덩따
쿵 (상황: 음악 소리에 맞추어 삭불이 춤춘다) 이러구 춤을 추고 있다 안
카나. (장구잽이: 그렇지)

할매: 맞나?

삭불이: 그렇지요.

할매: 그럼 우예 하더나.

장구잽이: 그래 찾아야지, 아버지를 찾아야 된다.

삭불이: 아버지를 찾아야 되는데, 아, 내 찾기 전에 신세타령 한
번 하고 가자. 아이구 내가 나이가 서른인데, 아이구, 장가두 못 가
구 아버지만 찾구 있으니. 내 신세타령 한 번 하자.

삭불이, 어둥이, 할매 노는 장면

삭불이의 노래는 신세타령이라고는 하지만 4박의 흥겨운 장단에 맞추어 노래 부른다.

아 이 구 여 보 아 주 머 니 장 가 라 니 웬 말 이 요 요 서 른 먹 은

노 총 각 이 색 시 생 각 이 간 절 허 여 이 곳 저 곳 간 절 하 니 뒤 는 있 소

있 소 없 소 여 기 는 있 소 있 소 없 소 아 이 고 아 이 고 내 팔 자 아

〈보례 4〉 지탈굿 중 삭불이 신세타령 (김일현 노래/ 김용택 장구/ 이용식 채보)

삭불이가 노래를 마치자마자 할매가 삭불이를 걷어 차서 넘어뜨린다.

할매: 야도 내 닮아갖고 팔자도 참 지랄 같다.

삭불이: 살짝 길었다.

할매: 그래, 아버지 찾았나 못 찾았나, 그래?

삭불이: 저기 찾아다카이.

할매: 찾았나?

할매: 가야죠.

장구잽이: 그래, 봉창구멍으로 들다봐라.

(상황: 셋에 이리저리 찾는다)

장구잽이: 그래, 문구멍으로 들다봐라.

할매: 가만 있거라, 이거 어디서 많이 듣던 목소리가 들리는데. 이 느그 아바이 목소리 맞네? (장구잽이: 그래) 그래도 명색이, 그래도

느그 아바이가 양반인데 문을 살짝 열고 들어갈 수는 없잖나 (장구잽이: 그렇지) 일단 문구멍부터 한번 뚫버바 보고. 그래 가만 있거라. 쥐 봐라.

(상황: 할매가 들고 있던 마이크를 삭불이에게 건네고 들고 있는 막대기로 바가지를 뚫는다)

삭불이: 깨졌나?

할매: 요즘 문은 새삥이라 잘 안 뚫린다.

삭불이: 와, 잘 안 뚫리나?

장구잽이: 그래, 문구멍 뚫버바라. 옳지.

(상황: 할매가 들고 있는 막대기로 바가지를 뚫는다)

장구잽이: 잘 뚫었다, 문구멍 한번.

삭불이: 박수 좀 치래이.

할매: 요기로 보자.

(상황: 구멍 뚫린 바가지를 다리 사이로 넣어 다리 사이로 쳐다 본다)

삭불이: 보자~

할매: 아이고 저거, 아이코.

(상황: 할매가 뒤로 나자빠진다)

장구잽이: 아이고 답답하래이~ 아이고 답답.

(상황: 바가지를 내던지고 셋이 방 안으로 들어간다)

할매: 영감아~

(상황: 효과음악에 맞춰 방안에 들어간 셋과 영감, 서울 애기가 뒤엉켜 싸운다)

무녀: 싸우지들 말고, 사이좋게 지내소. 왜 싸우나, 왜 싸우나. 서울 애기 하고 할매 하고 왜 싸우나. 아이고~ 싸우면 안 된다. 싸우지

들 말고, 아이고.

(상황: 영감이 나자빠진다)

장구잽이: 아이고 답답. 아이고 영감 뒤비져 부렸다.

무녀: 아이고~ 사대부가 떨어졌네.

장구잽이: 아이고, 영감 죽었대이. 야, 곡소리 해라, 곡소리.

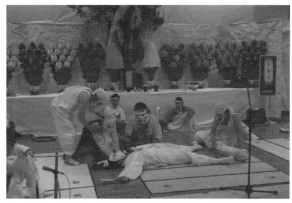

양반이 죽어서 가족들이 곡하는 장면

(상황: 영감은 누워 있고, 할매를 비롯한 모두가 주위에 앉아 곡소리 한다)

할매: 아이고 영감아.

장구잽이: 아이고 아이고 곡소리 해라.

할매: 아이고 영감아~

장구잽이: 울어라, 울어.

할매: 가만 있거라. 아이고 영감아 영감아, 안 된다. 어둥아, 재 넘어 가면 용한 의원 있다던데, 의원 좀 불러와라.

장구잽이: 의원, 거 불러 오너라.

(상황: 효과음악에 맞추어 할매와 서울 애기는 뒤엉켜 싸우고, 어둥이는 의원 부르러 무대 뒤로 사라진다)

장구잽이: 아이, 둘이 다 싸운다.

(상황: 싸움을 그친다)

할매: 아이고 내 영감아~ 아이고.

장구잽이: 울어라, 울어라.

할매: 영감아~ 아이고.

(상황: 어둥이가 의원과 간호사 데리고 나온다)

장구잽이: 그래, 한의원, 한의원 술이 취했나, 얼굴이 뻘겋노. 저 저, 돌팔이 아닌가, 돌팔이.

(상황: 간호사 손에 이끌려 의사 등장한다. 의사는 얼굴에 붕대를 칭칭 동여맸다)

할매: 야 야, 의사를 데리고 오랬더니만, 산 송장을 데리고 왔노.

장구잽이: 알콜 중독잔가, 왜 이러노.

할매: 아이고, 이리 앉으소.

의사: 인나라(일어나라). (상황: 발로 누워있는 영감 툭툭 차더니) 이 송장이 놓여있네, 이거. 뭐꼬?

할매: 아이고 아이고, 의원님요. 딴 게 아니라.

의원: 의원을 불러야지 왜 날 불렀나? 의원을 불러야지 왜 날 불르고 그래.

장구잽이: 광우병 걸려가 그리 디비졌다.

할매: 우리 영감이 팍 디비져 버렸거든. 좀 살려주소.

장구잽이: 진맥 한 번 짚어보고.

의원: 맛이 갔다고? 그럼 의원을 불러야지, 왜 날 불러?

할매: 의원이 없어가 당신 불렀다.

의원: 내가? 내가 의원이야? 어라, 어, 그렇군. 어디 보자. 보자~

할매: 아이구 아이구, 살려주이소.

(상황: 의원이 청진기를 꺼낸다)

의원: 어디 진찰을 해보자.

(상황: 의원이 청진기를 자신의 이마에 댄다)

장구잽이: 그 청진기를 어다 대노?

의원: 술 많이 쳐먹어가 갈 데가 됐다 이제. 어디 보자.

(상황: 의원이 청진기를 영감 가슴팍에 댄다)

할매: 뭐 어떤교?

의원: 갔다.

할매: 갔는교?

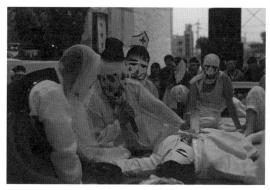

의원이 영감을 진찰하는 장면

(상황: 의원이 청진기를 영감 배에 댄다)

의원: 갔다.

할매: 죽었나?

(상황: 의원이 청진기를 영감 성기에 댔다가 깜짝 놀란다)

장구잽이: 그래, 어디 살았노? 아, 거가 살았노. 꿈틀거린다.

의원: 여긴 아주 새퍼렇다.

할매: 여가 살았나? (상황: 할매가 영감 가슴을 만지며) 여기도 죽고, (상황: 할매가 영감 배를 만지며) 여기도 죽고, 다 죽었는데, (상황: 할매가 영감 성기를 만지며) 여만 살았네. 요만 살았대이.

의원: 아, 그러지 말고, 내가 가져온 특효약 있거든. (상황: 의원이 가슴춤에서 뭔가를 꺼내려 한다) 한 번, 왜 안 나온대 이거.

장구잽이: 그래 간호사 불러라.

의원: 간호사. 의사가 안 논다, 간호사가 직접 놔라.

(상황: 간호사가 영감의 배에 주사를 놓는다)

의원: 거기 말구. 죽은 데 필요 없구, (상황: 성기를 가리키며) 요기다 놔야지, 요기.

의원: 어디 거가 놔야지, 어다 놓노? 바로 찔러뽈라.

(상황: 간호사가 영감의 성기에 주사를 놓는다)

할멈: 여기도 아이가?

장구잽이: 아이고 꿈틀거린다.

(상황: 의원이 간호사에게서 주사를 뺏는다)

의원: 그게 아니다. 이 내봐라. 그리 해갖고 사나? 봐래이.

(상황: 의사가 주사를 힘껏 놓는다. 영감은 효과음악에 맞춰 다리를 떨기 시작한다)

장구잽이: 박수, 박수. 야 이 양반아, 그래, 살아났다. 고거 하면 사는데, 고거 마저 해부려라.

의원: 이거 내가 해갖고 안 되겠다, 이거. 애, 삭불아. 니카, 저, 읍내에 관내에 가서이, 저, 나라 큰 무당을 모셔오거래이. 아, 링게르를 맞아야 되지. 어디 보자~ 말만 무당이다.

장구잽이: 야, 그 링게르 병 좋네.

의원: 아, 링게르를 어따 놔야 되나?

(상황: 의사가 링거 주사를 영감의 성기에 꽂는다)

의원: 안 되겠다. 내 실력으로는 이거 못 살린다, 못 살려.

장구잽이: 이제 살아난다 아이가?

의원: 이 양반 생년이 어떻게 되나?

할멈: 을사생이요, 을사생.

의원: 을사생? (상황: 갓을 돌리며) 을사에, 죽을 사. 어디 보자, 자, 염을 해야 돼, 염을.

할멈: 살려달라니까 와 염을 해요?

의원: 살려야 된다구? 살려야 된다면, 삭불애이. 저기 읍내에 가서, 용한 나라 큰 무당이 있으니까는 빨리 데려와라.

장구잽이: 박수 좀 치세요. 에라 만수~ 에라 대신이야~

(상황: 무녀가 무대에 들어온다. 무녀가 영감을 일으키는 무가를 부른다)

<보례 5> 지탈굿 중 무녀 성주풀이 (빈순애 노래 / 김용택 장구 / 이용식 채보)

> *건넌 마을 복수리는 태평성대가 찾아오고*
> *우리 연보 피리 소리는 산봉화 춤을 추고*
> *소상반주 열대 소리 어깨춤이가 절로 난다*
> *에라 만수 에라 대신이야*
> *개활령으로 설설이 나리소사*

무녀: 예, 이 지탈굿은 (장구잽이: 그렇지요) 이 풍어제에서 이렇게 웃기는 재담도 하고 이러는데, 입뻥끗씨로 매눌(며느리)도 보지 말고, 입뻥끗시로 딸도 보지 말고, (장구잽이: 그렇지요) 이래 째보(입 장애인)도 나지말고, 꼼보도 나지말고, 해충이도 나지말고 (장구잽이: 그렇죠, 이래 넋이나 풀어준다) 네, 그렇게 해가지고 오늘 여러분들한테 강릉에 이 탈굿을 보여드렸습니다. 자, 인사 하시고, 경례~ (장구잽이: 잘~ 한다) 그리고 우리 악사들 나가거들랑 (장구잽이: 모두 나가거라) 광주리 갖고 나가거라.

(상황: 양주들 광주리 들고 관객석으로 시주 받으러 들어간다)

무녀는 시주받는 소리를 부른다.

가자~ 오늘이야 강릉에 오월이라 금단오날 맞이하여
이렇게~ 각성육성받이 (놔둬라 그만 놔두고)

무녀: 예, 탈놀이는 이것으로 마치겠습니다.